烹饪古籍经典藏书

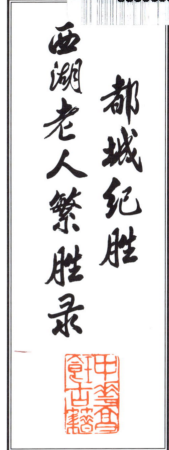

都城纪胜

西湖老人繁胜录

［宋］耐得翁　西湖老人　撰

中国商业出版社

图书在版编目（ＣＩＰ）数据

都城纪胜 /（宋）耐得翁撰 . 西湖老人繁胜录 /
（宋）西湖老人撰 . -- 北京：中国商业出版社，2023.5
ISBN 978-7-5208-2447-7

Ⅰ . ①都… ②西… Ⅱ . ①耐… ②西… Ⅲ . ①笔记—
中国—南宋②中国历史—史料—南宋 Ⅳ . ① K245.066

中国国家版本馆 CIP 数据核字（2023）第 061195 号

责任编辑：郑　静

中国商业出版社出版发行

（www.zgsycb.com　100053　北京广安门内报国寺 1 号）

总编室：010-63180647　编辑室：010-83118925

发行部：010-83120835/8286

新华书店经销

唐山嘉德印刷有限公司印刷

*

710 毫米 ×1000 毫米　16 开　10.5 印张　100 千字

2023 年 5 月第 1 版　2023 年 5 月第 1 次印刷

定价：49.00 元

****

（如有印装质量问题可更换）

中华烹饪古籍经典藏书
指导委员会
（排名不分先后）

名誉主任

杨　柳　魏稳虎

主　任

张新壮

副主任

吴　颖　周晓燕　邱庞同　杨铭铎　许菊云

高炳义　孙晓春　卢永良　赵　珩

委　员

姚伟钧　杜　莉　王义均　艾广富　周继祥

赵仁良　王志强　焦明耀　屈　浩　张立华

二　毛

委 员

林百浚	闫 囡	杨英勋	尹亲林	彭正康	兰明路
胡 洁	孟连军	马震建	熊望斌	王云璋	梁永军
唐 松	于德江	陈 明	张陆占	张 文	王少刚
杨朝辉	赵家旺	史国旗	向正林	王国政	陈 光
邓振鸿	刘 星	邸春生	谭学文	王 程	李 宇
李金辉	范玖炘	孙 磊	高 明	刘 龙	吕振宁
孔德龙	吴 疆	张 虎	牛楚轩	寇卫华	刘彧弢
王 位	吴 超	侯 涛	赵海军	刘晓燕	孟凡字
佟 彤	皮玉明	高 岩	毕 龙	任 刚	林 清
刘忠丽	刘洪生	赵 林	曹 勇	田张鹏	阴 彬
马东宏	张富岩	王利民	寇卫忠	王月强	俞晓华
张 慧	刘清海	李欣新	王东杰	渠永涛	蔡元斌
刘业福	王德朋	王中伟	王延龙	孙家涛	郭 杰
张万忠	种 俊	李晓明	金成稳	马 睿	乔 博

《都城纪胜·西湖老人繁胜录》
工作团队

统　筹

刘万庆

注　释

夏金龙　辛　鑫　韩　江

译　文

夏金龙　辛　鑫　韩　江

中国烹饪古籍丛刊
出版说明

　　国务院一九八一年十二月十日发出的《关于恢复古籍整理出版规划小组的通知》中指出：古籍整理出版工作"对中华民族文化的继承和发扬，对青年进行传统文化教育，有极大的重要性"。根据这一精神，我们着手整理出版这部丛刊。

　　我国的烹饪技术，是一份至为珍贵的文化遗产。历代古籍中有大量饮食烹饪方面的著述，春秋战国以来，有名的食单、食谱、食经、食疗经方、饮食史录、饮食掌故等著述不下百种，散见于各种丛书、类书及名家诗文集的材料，更是不胜枚举。为此，发掘、整理、取其精华，运用现代科学加以总结提高，使之更好地为人民生活服务，是很有意义的。

　　为了方便读者阅读，我们对原书加了一些注释，并把部分文言文译成现代汉语。这些古籍难免杂有不符合现代科学的东西，但是为尽量保持其原貌原意，译注时基本上未加改动；有的地方作了必要的说明。希望读者本着"取其精华，去其糟粕"的精神用以参考。

　　编者水平有限，错误之处，请读者随时指正，以便修订和完善。

中国商业出版社

1982 年 3 月

出 版 说 明

　　20 世纪 80 年代初，我社根据国务院《关于恢复古籍整理出版规划小组的通知》精神，组织了当时全国优秀的专家学者，整理出版了"中国烹饪古籍丛刊"。这一丛刊出版工作陆续进行了 12 年，先后整理、出版了 36 册。这一丛刊的出版发行奠定了我社中华烹饪古籍出版工作的基础，为烹饪古籍出版解决了工作思路、选题范围、内容标准等一系列根本问题。但是囿于当时条件所限，从纸张、版式、体例上都有很大的改善余地。

　　党的十九大明确提出："深入挖掘中华优秀传统文化蕴含的思想观念、人文精神、道德规范，结合时代要求继承创新，让中华文化展现出永久魅力和时代风采。"做好古籍出版工作，把我国宝贵的文化遗产保护好、传承好、发展好，对赓续中华文脉、弘扬民族精神、增强国家文化软实力、建设社会主义文化强国具有重要意义。中华烹饪文化作为中华优秀传统文化的重要组成部分必须大力加以弘扬和发展。我社作为文化的传播者，坚决响应党和国家的号召，以传播中华烹饪传统文化为己任，高举起文化自信的大旗。因此，我社经过慎重研究，重新系统、全面地梳理中华烹饪古籍，将已经发现的 150 余种烹饪古籍分 40 册予以出版，即这套全新的"中华烹饪古籍经典藏书"。

此套丛书在前版基础上有所创新，版式设计、编排体例更便于各类读者阅读使用，除根据前版重新完善了标点、注释之外，补齐了白话翻译。对古籍中与烹饪文化关系不十分紧密或可作为另一专业研究的内容，例如制酒、饮茶、药方等进行了调整。由于年代久远，古籍中难免有一些不符合现代饮食科学的内容和包含有现行法律法规所保护的禁止食用的动植物等食材，为最大限度地保持古籍原貌，我们未做改动，希望读者在阅读过程中能够"取其精华、去其糟粕"，加以辨别、区分。

我国的烹饪技术，是一份至为珍贵的文化遗产。历代古籍中留下大量有关饮食、烹饪方面的著述，春秋战国以来，有名的食单、食谱、食经、食疗经方、饮食史录、饮食掌故等著述屡不绝书，散见于诗文之中的材料更是不胜枚举。由于编者水平所限，书中难免有错讹之处，欢迎大家批评指正，以便我们在今后的出版工作中加以修订和完善。

中国商业出版社

2022 年 8 月

本书简介

本书由《都城纪胜》《西湖老人繁胜录》两部书合编而成。

《都城纪胜》，南宋笔记。又名《古杭梦游录》，一卷。

《都城纪胜》分市井、诸行、酒肆、食店、茶坊、四司六局、瓦舍众伎、社会、园苑、舟船、铺席、坊院、闲人、三教外地共十四门，记载临安的街坊、店铺、塌坊、学校、寺观、名园、教坊、杂戏等。

《都城纪胜》虽然卷帙不大，但对当时南宋都城临安的市民阶层的生活与工商盛况的叙述，较一般志书记载还具体，因而《四库全书总目提要》称其"可以见南渡以后土俗民风之大略"，为研究这一时期杭州的民俗民风提供了重要资料。与《梦粱录》《武林旧事》同为研究临安以及南宋社会和城市生活的重要文献。

《西湖老人繁胜录》是南宋时期都城纪胜性质类的史料笔记。明《永乐大典》收此书，作者"西湖老人"本名不见载。《四库全书总目提要》以及涵芬楼秘笈丛书收录此书时均言作者姓名不可考。

《西湖老人繁胜录》记载南宋临安繁荣之状，文中相关文字有补史料之阙的价值，所记勾栏瓦市中的各类艺术形式及艺人姓名和事迹，对我们了解南宋时期民间文学的发展具有重要价值。

中国商业出版社

2022年12月

目 录

都城纪胜

〔宋〕耐得翁　撰

夏金龙
辛　鑫　　注释／译文

序

　　圣朝^①祖宗开国，就都于汴^②，而风俗典礼^③，四方仰之为师。自高宗^④皇帝驻跸^⑤于杭^⑥，而杭山水明秀，民物康阜^⑦，视京师其过十倍矣。虽市肆与京师相侔^⑧，然中兴^⑨已

---

① 圣朝：封建时代尊称本朝。也作为皇帝的代称。这里指南宋。

② 汴：指北宋都城汴京，又称东京、汴梁、汴州，今河南开封。

③ 典礼：制度礼仪。

④ 高宗：南宋高宗赵构（公元 1107—1187 年），宋朝第十位皇帝，字德基，在位35 年，南宋开国皇帝，宋徽宗赵佶第九子，宋钦宗赵桓异母弟，母显仁皇后韦氏。绍兴三十二年（公元 1162 年）禅位于皇太子赵昚（shèn），被尊为光尧寿圣宪天体道性仁诚德经武纬文绍业兴统明谟盛烈太上皇帝。淳熙十四年（公元 1187 年）卒，是中国历史上少有的长寿帝王之一，谥号曰圣神武文宪孝皇帝，庙号高宗。光宗绍熙二年（公元 1191 年），加谥受命中兴全功至德圣神武文昭仁宪孝皇帝。他在位时，迫于形势起用岳飞、韩世忠等大将抗金，但大部分时间仍重用主和派的黄潜善、汪伯彦、王伦、秦桧等人，后来甚至处死岳飞，罢免李纲、张俊、韩世忠等主战派大臣。赵构精于书法，善真、行、草书，笔法洒脱婉丽，自然流畅，颇得晋人神韵。著有《翰墨志》，传世墨迹有《草书洛神赋》等。

⑤ 驻跸（bì）：皇帝后妃外出，途中暂停小住。这里暗指宋高宗定都杭州。

⑥ 杭：今浙江杭州。历史上很少有中原王朝像宋朝一样被北方游牧民族打得团团转。为了避免与女真人的交锋，宋王朝开始了频繁迁都的过程。北宋的都城是东京（开封），南宋的是临安（杭州）。在开封和临安之间，还有两个临时国都，一个是南京归德府，也就是河南的商丘；另一个是据守长江之险的建康城，也就是江苏的南京。

⑦ 民物康阜：人民平安，物产丰富。形容社会安定、经济繁荣的景象。

⑧ 相侔（móu）：相等，同样。

⑨ 中兴：指宋、金议和后的一段相对稳定的时期。一说"高宗中兴"，即高宗时期南宋实现了中兴；二说"孝宗中兴"，也就是南宋时期的"乾淳之治"，两者是一个概念；三说"高孝光宁"四朝中兴。

百余年，列圣^①相承，太平日久，前后经营至矣，辐辏^②集矣，其与中兴时又过十数倍也。且《洛阳名园记》^③后论有云，园囿之兴废者，洛阳盛衰之候^④也。况中兴行都^⑤，东南之盛^⑥，为今日四方之标准；车书混一^⑦，人物繁盛，风俗绳^⑧厚，市井骈集，岂昔日洛阳名园之比？仆遭遇明时^⑨，寓游^⑩京国，目睹耳闻，殆非一日，不得不为之集录^⑪。其已于

① 列圣：指南宋的历代皇帝。

② 辐辏：也作"辐凑""辐辏"。比喻人或物聚集在一起。

③ 《洛阳名园记》：北宋李格非所著的游记。《宋史·李格非传》云："尝著《洛阳名园记》，谓洛阳之盛衰，天下治乱之候也。"《洛阳名园记》是有关北宋私家园林的一篇重要文献，对所记诸园的总体布局以及山池、花木、建筑所构成的园林景观描写具体而翔实，可视为北宋中原私家园林的代表。

④ 候：时节，征兆。

⑤ 行都：指在首都之外另设的一个都城，以备必要时政府暂驻。旧时皇帝（出行时）所在处（非法定首都），皇帝必定在此。这里指杭州。

⑥ 东南之盛：临安（杭州）是东南一带的经济、文化中心，手工业发达，商业繁荣。南宋都市经济的繁荣，不仅超越前代，而且居世界前列。当时临安手工作坊林立，生产各种日用商品，尤其是丝织业的织造技艺精良，能生产出许多精巧名贵的丝织品，在全国享有盛名。

⑦ 车书混一：使车轨和文字都统一起来。意指天下一统。

⑧ 绳：继续。

⑨ 明时：政治清明的时代。

⑩ 寓游：犹旅游。

⑪ 集录：把资料收集、抄录在一起或编印成书。《后汉书·律历志下》："今考论其业，义指博通，术数略举，是以集录为上、下篇。"

图经^①志书^②所载者，便不重举。此虽不足以形容太平气象之万一，亦仿佛^③《名园记》之遗意^④焉。但纪其实不择其语独此为愧尔。

时宋端平乙未^⑤元日

寓灌圃耐得翁序

【译】宋朝祖宗开国的时候，在汴京建立都城，它的各种风俗和制度礼仪，受到全国各地的崇仰，并向其学习。自高宗皇帝定都杭州，这时的杭州山光明媚、水色秀丽、人民平安、物产丰富，要超过汴京十倍。虽然杭州市集瓦肆的规制与汴京相同，但中兴的盛世已过百余年，历代的皇帝继承大业，太平日久，前后经营到了极点，天下珍品都汇集在这里，盛景中兴时相比要超出十多倍。且《洛阳名园记》后论记载，园囿的兴废，是洛阳盛衰的征兆。何况杭州是中兴时的行都，东南一带的繁盛，是现在全国的标准；天下一统，人物繁盛，风俗传承，商业繁华，又岂是当年的洛阳名园能比的？我遇

---

① 图经：指附有图画、地图的书籍或地理志。以图为主或图文并重记述地方情况的专门著作也可称作图经。又称图志、图记。是中国方志发展过程中的一种编纂形式。

② 志书：以地区为主，综合记录该地自然和社会方面有关历史与现状的著作，又称地志或地方志。

③ 仿佛：效仿。

④ 遗意：此指前人的心愿、意见。前人或古代事物留下的意味、旨趣。

⑤ 端平乙未：南宋理宗端平二年（公元1235年）。端平是南宋理宗赵昀的第三个年号。南宋使用这个年号共三年。端平元年农历正月初十，南宋与蒙古联军攻克蔡州，金朝灭亡。

到了政治清明的时代，居住在京城，目睹耳闻，也不止一天了，不得不整理资料编写成书。那些地理志、地方志上已记载的，就不重复列举了。此书虽不足以形容太平景象的万分之一，但也效仿《洛阳名园记》的遗意。只记录实事而不加以文辞去修饰，我也为此而惭愧。

时宋端平乙未元日

寓灌圃耐得翁作序

市井

　　自大内和宁门^①外、新路南北，早间珠玉珍异及花果时新^②海鲜野味奇器天下所无者，悉集于此。以至朝天门、清河坊^③、中瓦前、灞头、官巷口^④、棚心、众安桥^⑤，食物店铺，人烟浩穰^⑥。其夜市除大内前外，诸处亦然。惟中瓦前最胜，扑卖^⑦奇巧器皿百色物件，与日间无异。其余坊巷市井，买

① 和宁门：南宋的皇城北门，在今杭州万松岭路与中山南路交接处往南。

② 时新：某个时期最新的。这里指应时的食品。

③ 清河坊：南宋官城外坊巷，清河郡王张俊曾置宅在这里，故称清河坊。南宋时，此处商铺、酒楼、茶肆很多，是非常繁华的地带。

④ 官巷口：位于今浙江杭州西湖边，即解放路与中山中路的交叉口一带。

⑤ 众安桥：杭州桥名，跨古清湖河（浣纱河），北宋元祐四年（公元 1089 年）苏轼知杭，捐俸银五十两助官缗设安乐坊，三年医愈千人，里人感其德，呼坊旁桥梁为众安桥。南宋时为御街所经，是皇帝至景灵官行孟飨礼必经之处。桥南有北瓦，内设勾栏十三座，能同时演出杂剧、说话、傀儡、相扑、皮影、杂技、踢弄、散耍、覆射三十余种节目，附近食铺众多。元宵灯市，游人如织，热闹非凡。绍兴十一年十二月二十九日（公元 1142 年 1 月 27 日）岳飞被毒杀于大理寺狱风波亭，在众安桥杀害岳飞义子岳云和爱将张宪。相传，殿司小校施全愤秦桧之无道，伏于桥下刺桧未成被磔，后人在桥上立忠烈祠。明时为瓜果、鱼肉集散地。清同治六年（公元 1867 年），典史吴延康据传闻认定众安桥河下为岳飞遗骸初葬处，遂建显忠庙与岳墓。民国二十五年（公元 1936 年）填河建路时桥废，存桥栏。

⑥ 人烟浩穰：指某地方人口很多。

⑦ 扑卖：宋、元时民间流行的一种博彩游戏，也类似赌博。市间杂卖也可用此法售物，买家获赢，即可折价购物。

卖关扑^①、酒楼、歌馆，直至四鼓后方静。而五鼓朝马^②将动，其有趁卖早市者，复起开张。无论四时皆然。如遇元宵犹盛，排门^③和买^④，民居作观玩^⑤，幕次^⑥不可胜纪。

【译】从皇宫的和宁门以外、新路的南北，在早上的时候，各种珠玉、珍异之物以及时令花果、海鲜野味、奇巧之器等天下所稀有的商品，都汇集在这里。这个集市一直延伸到朝天门、清河坊、中瓦前、灞头、官巷口、棚心、众安桥，还有各种食品的店铺，人口众多。夜市除了皇宫前面以外，其他的地方都一样。只有中瓦前是最热闹的，扑卖中有各种奇巧器皿和百种物件，与白天时没两样。其他的坊巷市井，做买卖的、关扑的摊位、酒楼、歌馆，一直到四更时才会安静下来。而到了五更时，上朝的官员也将出发了，那些趁早赶早市的小贩，也起来开张了。不管是哪个季节都是一样的。如果到了元宵节场面更为盛大，小贩们挨家挨户售卖着商品，有的在民房设立了观赏的位置，临时搭起的帐篷数不清。

---

① 关扑：以商品为诱饵赌掷财物的博戏。苏轼《乞不给散青苗钱解状》："又官吏无状，於给散之际，必令酒务设鼓乐倡优，或关扑卖酒牌子，农民至有徒手而归者。"吴自牧《梦粱录·正月》："街坊以食物、动使、冠梳、领抹、缎匹、花朵、玩具等物，沿门歌叫关扑。"

② 朝马：指大臣入朝时所乘的马。

③ 排门：指挨家挨户。

④ 和买：原意是指两厢情愿公平交易。唐代孔颖达认为，和买始见于先秦。后和买逐渐变为官府强取民物。这里指买卖。

⑤ 观玩：观赏，玩味。

⑥ 幕次：临时搭起的帐篷。

隆兴①间，高庙②与六宫③等在中瓦，相对今修内司④染坊看位⑤观。孝宗皇帝⑥孟享⑦回，就观灯买市，帘前排列内侍官帙⑧行，堆垛现钱⑨，宣押⑩市食⑪，歌叫支赐钱物，或有得金银钱者。是时尚有京师流寓⑫经纪人⑬，市店遭遇者，如李

① 隆兴：宋孝宗赵昚的年号，公元 1163—1164 年。

② 高庙：死后庙号为"高"的君主。这里指宋高宗赵构。

③ 六宫：本义是指古代皇后的寝宫，又以六宫称后妃所居之处。同时，六宫还泛指后妃。解释六宫的概念至唐代已非专指皇后，而泛指后妃了。

④ 修内司：官署名。北宋、金、元皆置。宋属将作监，掌宫殿、太庙修缮事务。北宋设勾当官。以大内内侍充任。神宗元丰改制后，隶将作监。金沿置，金世宗大定七年（公元 1167 年），设使、副使总领司事，秩从五品、从六品。

⑤ 看位：设位。

⑥ 孝宗皇帝：宋孝宗赵昚，初名伯琮，后改名瑗，赐名玮，字元永，宋太祖赵匡胤七世孙、宋高宗赵构养子。南宋第二位皇帝、宋朝第十一位皇帝。绍兴三十二年被立为皇太子，改名为昚，同年即位。后世普遍认为赵昚是南宋最有作为的皇帝。他在位期间，平反岳飞冤案，起用主战派人士，锐意收复中原；内政上，加强集权，积极整顿吏治，裁汰冗官，惩治贪污，重视农业生产，百姓生活安康，史称"乾淳之治"。后世称其"卓然为南渡诸帝之称首"。

⑦ 孟享：也作"孟飨"。帝王宗庙祭礼。因于每年的四孟（孟春、孟夏、孟秋、孟冬）举行，故称。

⑧ 帙：通"秩"，有条理，按次序。

⑨ 堆垛现钱：堆成垛的现钱。

⑩ 宣押：宣布朝廷签署的文告。因公文需书押，故称。

⑪ 市食：商店出售的食品。

⑫ 流寓：流落他乡居住的人。

⑬ 经纪人：这里指生意人。

婆婆羹、南瓦子张家团子。若遇车驾行幸①、春秋社会②等，连檐并壁、幕次排列。此外，如执政府墙下空地（旧名南仓前），诸色路岐人③在此作场，犹为骈阗④。又皇城司⑤马道亦然。候潮门⑥外殿司⑦教场⑧，夏月亦有绝伎⑨作场。其他街市，如此空隙地段，多有作场之人，如大瓦肉市、炭桥药市、橘园亭书房、城东菜市、城北米市。其余如五间楼福客、糖果所聚之类，未易⑩缕举⑪。

【译】在隆兴年间，高宗皇帝与后妃在中瓦，在正对着今修内司染坊的地方设位来观赏。孝宗皇帝孟享回来后，就到集市中观花灯买东西，帘前排列的内侍官按秩序行走，有

---

① 行幸：古代专指皇帝出行。

② 春秋社会：指春社和秋社，即春、秋两季祭祀土地神的集会。

③ 路岐人：宋、元时流动卖艺的民间艺人的俗称。

④ 骈（pián）阗（tián）：犹骈田，指聚集在一起。

⑤ 皇城司：宋代禁军官司名。旧名武德司，位于东京左承天门内。为宋代特务机构，性质类似明代锦衣卫。执掌宫禁、周庐宿卫、刺探情报。职源与沿革皇城司前身系武德司。

⑥ 候潮门：杭州十大古城门之候潮门。候潮门始建于五代吴越，名竹车门。因筑城时以竹笼石，车运之定城基，故名。南宋绍兴二十八年在竹车门旧基重修候潮门。因城门濒临钱塘江，每日两次可以候潮，故名。

⑦ 殿司：又称殿前司，宋代禁军官司，与侍卫亲军司合称"两司"。其下属机构殿前都指挥使司与侍卫亲军司下属机构侍卫亲军马军都指挥使司、侍卫亲军步军都指挥使司合称"三衙"。"两司三衙"体制为宋代禁军最高指挥机构。

⑧ 教场：旧时操练和检阅军队的场地。

⑨ 绝伎：指身怀绝技的艺人。

⑩ 未易：不易，难于。

⑪ 缕举：一一列举。

堆成垛的现钱，购买食物并签署文书，高喊着支用赏赐钱物，有的人会得到一些金银钱的赏赐。当时还有旧京师流落到杭州的生意人，如李婆婆羹店、南瓦子张家团子店。如果遇到皇帝车驾出行，或是春社、秋社，更是连檐并壁、帐篷排列。此外，各色江湖艺人在执政府墙下的空地（旧称南仓前）聚集在一起，开场表演。皇城司的马道上也是这样。候潮门外殿前司的教场，夏天的时候也会有身怀绝技的艺人进行表演。其他的街市，像这样的空隙地段，大多会有开场表演的艺人，如大瓦肉市、炭桥药市、橘园亭书房、城东菜市、城北米市。其他如五间楼福客、糖果所聚等等，难以一一列举。

诸行

市肆谓之"行（音杭）"者，因官府科索①而得此名，不以其物小大，但合充用者，皆置为行，虽医卜②亦有职。医克择③之差，占则与市肆当行同也。内亦有不当行而借名之者，如酒行、食饭行是也。又有名为"团"者，如城南之花团、泥路之青果团、江下之鲞团、后市街之柑子团是也。

---

① 科索：官吏向民间非法索取财物。《旧五代史·梁书·太祖纪四》："今岁秋田，皆期大稔，仰所在切如条流本分纳税及加耗外，勿令更有科索。"明代余继登《典故纪闻》卷十七："内官监收白熟粳米，科索无厌，大率正粮一石，加费二石，始获批单。"

② 医卜：医生和占卜之人。

③ 克择：指择日法，即选择良辰吉日。"克择之差"应是占卜者为之。

其他工伎①之人，或名为"作"，如篦刃②作、腰带作、金银镀作、鈒③作是也。又有异名者，如七宝④谓之"骨董⑤行"，浴堂谓之"香水行"是也。

【译】市集中的店铺称为"行（读音为'杭'）"的，因官府科索而得此名，不论商品的大小，只要能充用，都设置行会。即使是医者、卜者也各有职责。卜者有选择良辰吉日的差事，占卜者也要像店铺一样入行会。其中也有不入行会借称"行"的，如酒行、食饭行。也有称为"团"的，如城南的花团、泥路的青果团、江下的鲞团、后市街的柑子团。其他从事各种技艺的人，有的称为"作"，如篦刃作、腰带作、金银镀作、鈒作。还有不同名字的，如七宝称为"骨董行"、浴堂称为"香水行"。

大抵都下万物所聚，如官巷之花行，所聚花朵、冠梳、钗环、领抹⑥，极其工巧⑦，古所无也。都下市肆，名家驰

---

① 工伎：技艺方术。

② 篦（bì）刃：篦刀，形状像篦的刀。篦，古时一种篦污去痒的理发工具。

③ 鈒（sà）：用金银在器物上嵌饰花纹。

④ 七宝：佛教七宝。不同的经书所译的七宝各不尽同，鸠摩罗什译的《阿弥陀经》所说七宝为金、银、琉璃、玻璃、砗磲、赤珠、码瑙。般若经所说的七宝是金、银、琉璃、珊瑚、琥珀、砗磲、玛瑙。

⑤ 骨董：古董，古玩。

⑥ 领抹：领系之类服饰。

⑦ 工巧：指技艺高明；巧艺；泛指匠人，工匠。

誉^①者，如中瓦前皂儿水^②、杂卖场前甘豆汤，如戈家蜜枣儿、官巷口光家羹、大瓦子水果子、寿慈宫^③前熟肉、钱塘门^④外宋五嫂鱼羹^⑤、涌金门^⑥灌肺、中瓦前职家羊饭、彭家油靴^⑦、南瓦宣家台衣、张家团子、候潮门顾四笛、大瓦子丘家觱篥^⑧之类。

【译】京城里大概汇聚着很多商品，例如官巷的花行，这里聚集的花朵、冠梳、钗环、领抹，做工都很高明，都是古代所没有的。京城的店铺，名店都很驰名，如中瓦前皂儿水、杂卖场前甘豆汤，再如戈家蜜枣儿、官巷口光家羹、大瓦子水果子、寿慈宫前熟肉、钱塘门外宋五嫂鱼羹、涌金门灌肺、中瓦前职家羊肉饭、彭家油靴、南瓦宣家台衣、张家团子、

---

① 驰誉：声誉传得很远；驰名。

② 皂儿水：以皂荚仁为原料制成的饮料。

③ 寿慈宫：宋宁宗嘉泰二年（公元 1202 年）造，太皇太后所居。

④ 钱塘门：杭州十大古城门之钱塘门。隋朝筑城时即有钱塘门之称，1400 多年未改名，未易地。南宋以后钱塘门为杭州西城门之一。清顺治七年，在杭州建旗营，钱塘门位于旗营西北角。自宋以来，钱塘门外多佛寺、楼台。

⑤ 宋五嫂鱼羹：南宋名菜，创制于淳熙年间。宋五嫂，为南宋民间女厨师，高宗赵构乘龙舟游西湖，曾尝其鱼羹，赞美不已，于是名声大振，奉为脍鱼之"师祖"。

⑥ 涌金门：杭州十大古城门之涌金门。涌金门为古代杭州西城门之一。五代天福元年，吴越王钱元瓘引西湖水入城，在此开凿涌金池，筑此门，门濒湖，东侧有水门。传说为西湖中金牛涌现之地，因而得名。南宋绍兴二十八年，增筑城垣，改称丰豫门。明初，仍复旧名。

⑦ 油靴：用桐油涂制的可以防水的长筒靴。

⑧ 觱（bì）篥（lì）：一种古代管乐器，即觱（bì）篥，也称管子，多用于军中和民间音乐。流行于我国各地，为汉族、维吾尔族、朝鲜族等多民族所喜爱。

候潮门顾四笛、大瓦子丘家麛䔒等。

酒肆

除官库、子库、脚店^①之外，其余皆谓之"拍户^②"。有茶饭店，谓兼卖食次^③下酒是也。但要索唤^④及时^⑤食品，知处^⑥不然，则酒家亦有单子牌面点选也。包子酒店，谓卖鹅鸭包子、四色兜子^⑦、肠血粉羹、鱼子、鱼白^⑧之类，此处易为支费^⑨。宅子酒店，谓外门面装饰如仕宦宅舍，或是旧仕宦宅子改作者。花园酒店，城外多有之，或城中效学园馆装折。直卖店，谓不卖食次也。散酒店，谓零卖百单四、七十七、五十二、三十八^⑩，并折卖外坊酒。门首亦不设油漆杈子^⑪，多是竹栅布幕，谓之"打碗"，遂言只一杯也。却不甚尊贵，

---

① 脚店：供人临时歇脚的小客店。

② 拍户：宋时称兼卖茶水饭食或并蓄娼妓的小酒铺。

③ 食次：就食之时的意思。

④ 索唤：传唤。

⑤ 及时：适时。

⑥ 知处：不明何意。

⑦ 兜子：类似于包子，用粉做皮，置入馅料，蒸食。

⑧ 鱼白：鱼类的精巢。是鱼制造和储存精子的器官。鱼白含有一种特殊的蛋白质，叫鱼精蛋白，是自然界中最简单的一种碱性蛋白质。它是止血的良药。

⑨ 支费：支用，花费。

⑩ 百单四、七十七、五十二、三十八：这些数字应指酒的价格。

⑪ 杈子：置于官府宦宅前阻拦人马通行的木架。古称行马。

非高人所往。庵酒店，谓有娼妓在内，可以就欢，而于酒阁内暗藏卧床也。门首红栀子灯①上，不以晴雨，必用箬②簶③盖之，以为记认④。其他大酒店，娼妓只伴坐而已。欲买欢，则多往其居。罗酒店，在山东、河北有之，今借名以卖浑头，遂不贵重也。酒家事物，门设红杈子、绯缘帘⑤、贴金⑥红纱栀子灯之类。旧传因五代郭高祖⑦游幸汴京潘楼，至今成俗。

【译】除了官库、子库和脚店之外，其余的酒店都称为"拍户"。茶饭店，售卖饭食和下酒菜等。只要一传唤适时就送来食品，□□□□，酒家也有菜单可供点选。包子酒店，卖的是鹅鸭包子、四色兜子、肠血粉羹、鱼子、鱼白等，这里最容易破费。宅子酒店，是指店外门面装饰如同仕宦的宅舍，或者是用旧仕宦的宅子改建的。城外还有很多花园酒店，有城中仿效学园馆装修改造的。直卖店，是不卖酒菜而只卖酒。散酒店，指零卖百单四、七十七、五十二、三十八等不同价格的酒，也打折售卖其他酒坊的酒。门首也不摆设油漆杈子，多是用竹栅布幕，称为"打碗"，声称"只卖一杯"，

---

① 栀子灯：指栀子花形状的灯。

② 箬（ruò）：一种竹子，叶大而宽，可编竹笠，又可用来包粽子。

③ 簶（gǎn）：通"篢（gōng，斗笠）"。

④ 记认：辨认，识别。

⑤ 绯缘帘：边缘是红色的帘子。

⑥ 贴金：贴饰黄金薄片的技术。一种古老的技艺，是中华民族民间传统工艺的瑰宝。

⑦ 郭高祖：后周太祖郭威（公元904—954年），字文仲，邢州尧山县（今河北隆尧）人。五代时期后周开国君主（公元951—954年在位），顺州刺史郭简之子。

价格不很贵，不是上等人去的地方。庵酒店，里面有娼妓，可以寻欢作乐，在酒阁里暗藏有卧床。门首的红栀子灯上，不论晴天还是雨天，都用斗笠盖着，以便辨认。其他的大酒店，娼妓只是陪坐而已。想要花钱寻欢，就要前往妓女的居处。罗酒店，在山东、河北很常见，如今借名以卖浑头酒，价格不算贵。大多数酒店的装修，门口都设有红杈子、红边帘子、贴金红纱栀子灯等。传说五代后周太祖郭威曾出游到汴京潘楼，当时的酒店都有这样的装饰，仿效至今形成习俗。

酒阁名为厅院，若楼上则又或名为山，一山、二山、三山之类。牌额写"过山^①"，非特有山，谓酒力高远也。大凡^②入店，不可轻易登楼上阁，恐饮燕^③浅短。如买酒不多，则只就楼下散坐，谓之"门床马道"。初坐定，酒家人先下看菜^④，问买多少，然后别换菜蔬。亦有生疏不惯人，便忽下箸，被笑多矣。大抵店肆饮酒，在人出著如何，只如食次，谓之"下汤水"。其钱少，止百钱五千者，谓之"小分下酒"。

---

① 过山：美酒佳酿之名。《梦粱录·卷十六·酒肆》："若酒力高美者，牌额卖过山之名。"

② 大凡：用在句首，表示对某个范围的人或事物的总括，常在它后面用总、都相呼应。

③ 燕：同"宴"。饮宴浅短，指消费不高，或指酒量小。

④ 看菜：仅供陈设的菜肴。

若命妓，则此辈多是虚驾^①骄贵，索唤^②高价细食全要出著经惯^③，不被所侮也。如煮酒，或有先索到十瓶，逐旋开饮，少顷只饮五六瓶佳者，其余退回，亦是搜弊^④之一诀。

【译】酒阁称为厅院，若是楼上则又称为山，一山、二山、三山等字样。牌额上写着"过山"，不是真的有山，而是指的酒力高远。一般进入酒店的人，都不要轻易就登上楼阁，恐饮宴消费太少，被人笑话。如买酒不多，则只在楼下散坐，称为"门床马道"。刚刚坐定，酒店的人先端上看菜，询问买多少酒，然后再换别的菜蔬。也有生疏不懂规矩的人，看到看菜就随意下筷子，这样就会被人嘲笑了。大概在酒店饮酒的，在于这人出手的大小，若只知吃菜，酒就称为"下汤水"。如果花费少，只在百钱至五千钱之间的，称为"小分下酒"。如果叫妓女来作陪，这些大多是讲排场的人，点一些高价的细食，必须出手大方，才会不被看不起。如果要煮酒，有的人就先叫来十瓶，逐个打开并饮用，一会儿只喝五六瓶味道好的酒，其余就退回酒家，这也是找出劣酒的一个窍门。

官库则东酒库曰大和楼，西酒库曰金文库，有楼曰西楼，

---

① 虚驾：虚构加诬陷，指浮夸地大摆排场。驾，通"加"。

② 索唤：呼叫索取。

③ 出著经惯：指出手阔绰、大方。

④ 搜弊：搜查弊端，弄清欺诈行为。

旧有楼攻媿①书榜，后为好奇者取去。南酒库曰升旸宫，楼曰和乐楼。北酒库曰春风楼。正南楼对吴、越两山，南上酒库曰和丰楼。西子库曰丰乐楼②，在今涌金门外，乃旧杨和王③之耸翠楼，后张定叟④兼领库事，取为官库，正跨西湖，对两山之胜。西子库曰太平楼，中酒库曰中和楼。南外库在便门外，东外库在崇新门⑤外。北外库在湖州市，有楼曰春

① 楼攻媿（kuì）：楼钥（公元1137—1213年），南宋大臣、文学家。字大防，又字启伯，号攻愧主人，明州鄞县（今属浙江宁波）人，楼璩（qú）的三子。隆兴元年（公元1163年）进士及第。历官温州教授，起居郎兼中书舍人，大定九年（公元1169年），随舅父贺正旦使汪大猷（yóu）出使金朝。嘉定六年（公元1213年）卒，谥宣献。

② 丰乐楼：南宋杭州著名酒楼。咸淳《临安志》云："丰乐楼在丰豫门外，旧名耸翠楼，据西湖之会，千峰连环，一碧万顷，为游览最。顾以官酤喧杂，楼亦卑小，弗与景称。咸淳九年，赵安抚节斋始撤新之，瑰丽宏特，高切云霄，遂为西湖之壮，缙绅多聚拜于此。"

③ 杨和王：杨沂中，字正甫，代州崞县（今山西原平）人，南宋名将。绍兴元年（公元1131年），随从张俊讨伐李成。绍兴二年（公元1132年），升任神武中军统制。绍兴三年（公元1133年），讨平妖贼缪罗。绍兴六年（公元1136年），协助韩世忠攻打伪齐皇帝刘豫，名震北方。

④ 张定叟：张构，张浚次子，汉州绵竹人。以父恩授承奉郎，历广西经略司机宜、通判严州。方年少，已有能称，浙西使者荐所部吏而不及构，孝宗特令再荐。召对，差知袁州，戢豪强，弭盗贼。尉获盗上之州，构察知其枉，纵去，莫不怪之，未几，果获真盗。改知衢州。

⑤ 崇新门：俗称荐桥门。南宋临安城东城门之一。故址在今浙江杭州市清泰街与城头巷相交处附近。元末张士诚重修杭州城，将城门东移三里改建新门，改名清泰门。

融楼。其他则有西溪^①，并赤山九里松^②酒库。其中和和乐、和丰并在御街，其太平、大和因回禄^③后其楼悉废。若欲赏妓，往官库中点花牌^④，其酒家人亦多隐庇^⑤推托，须是亲识其妓，及以利委之可也。

【译】官库。东酒库叫大和楼，西酒库叫金文库，有楼叫西楼，旧有楼攻魄书写的榜文，后来被好奇的人拿走了。南酒库叫升旸宫，楼叫和乐楼。北酒库叫春风楼。正南楼对着吴、越两山，南上酒库叫和丰楼。西子库叫丰乐楼，在今涌金门的外面，是当年杨和王的耸翠楼，后来张定叟兼管库事，把它作为官库，正跨西湖，对着两山的美景。还有西子库叫太平楼，中酒库叫中和楼。南外库在便门外，东外库在崇新门外，北外库在湖州市，有楼叫春融楼。其他的有西溪库，还有赤山的九里松酒库。其中中和楼、和乐楼、和丰楼都在御街，太平楼、大和楼因遭火灾，都废了。如想让妓女作陪，

---

① 西溪：这里指西溪库。今杭州城西有西溪湿地，是罕见的城中次生湿地。曾与西湖、西泠并称杭州"三西"，是目前国内第一个也是唯一的集城市湿地、农耕湿地、文化湿地于一体的国家湿地公园，具有"杭州之肾""副西湖"美誉。

② 九里松：又名九里云松。在浙江省杭州市西湖北。唐刺史袁仁敬守杭时，于行春桥至灵隐、三天竺间植松，左右各三行，凡九里，苍翠夹道，人称九里松。后即以九里松名其地。

③ 回禄：相传为火神之名，引申指火灾禳火于玄冥、回禄。

④ 点花牌：旧指以名牌点唤官妓。宋代周密《南宋市肆记·酒楼》："官库，属户部点检所，每库设官妓数十人……饮客登楼，则以名牌点唤侑樽，谓之'点花牌'。"

⑤ 隐庇：隐藏庇护。宋代苏轼《论役法差雇利害起请画一状》："若行此法，今后空闲三年人户，官吏隐庇不差，却行雇募，无由点检。"

可往官库中点花牌，但酒家人往往都是隐藏推托，必须是客人亲自认识某位妓女，或者是以利相诱，才能叫到妓女。

天府^①诸酒库，每遇寒食节^②前开沽^③煮酒，中秋节前后开沽新酒。各用妓弟^④，乘骑作三等装束：一等特髻^⑤、大衣者；二等冠子^⑥、裙背者；三等冠子、衫子、裆裤者。前有小女童等，及诸社会^⑦，动^⑧大乐^⑨迎酒样赴府治^⑩，呈作乐、呈伎艺杂剧。三盏退出，于大街诸处迎引^⑪归库。

【译】天子的府库的那些酒库，每年寒食节前开始煮酒，中秋节前后开售新酒。各个库都用妓女，她们的乘骑分三等装束：一等的戴特髻、着大衣；二等的戴冠子、着裙褙；三

① 天府：天子的府库。

② 寒食节：在夏历冬至后 105 日，清明节前一二日。是日初为节时，禁烟火，只吃冷食。并在后世的发展中逐渐增加了祭扫、踏青、秋千、蹴鞠、牵勾、斗鸡等风俗，寒食节前后绵延两千余年，曾被称为中国民间第一大祭日。

③ 开沽：卖酒。

④ 妓弟：妓女。宋、元时俗称妓女为"弟子"，故有"妓弟""弟妓"之称。

⑤ 特髻：一种高出的假发髻。

⑥ 冠子：古代妇女所戴的一种帽子。

⑦ 社会：这里指各职业团体。或指表演技艺的团体。

⑧ 动：演奏。

⑨ 大乐：古代指典雅庄重的音乐。用于帝王祭祀、朝贺、燕享等典礼。《礼记·乐记》："大乐与天地同和，大礼与天地同节。"汉代徐干《中论·治学》："大乐之成非取乎一音。"唐代皮日休《忧赋》："大乐既没，淫声是起。"

⑩ 府治：府衙。

⑪ 迎引：犹言迎接导引。

等戴冠子、着衫子和裆裤。前面会有小女童等，以及各种团体，奏起大乐迎取样酒到府衙，演奏音乐、表演各种技艺和杂剧。呈上三盏酒样，然后退出，再迎引至大街的各处，最后归库。

食店

都城食店，多是旧京师人开张，如羊饭店兼卖酒。凡点索食次，大要及时：如欲速饱，则前重后轻；如欲迟饱，则前轻后重（重者如头羹[1]、石髓[2]饭、大骨饭、泡饭、软羊、浙米饭；轻者如煎事件[3]、托胎、奶房[4]、肚尖、肚胘[5]、腰子[6]之类）。南食店谓之"南食"，川饭分茶[7]。盖因京师开此店，以备南人不服北食者，今既在南，则其名误矣，所以专卖面食鱼肉之属，如（铺羊面、盒[8]生面、姜拨刀[9]、盐煎面、

[1] 头羹：一种类似杂烩的食品。一说宋太祖每内宴，常先令进此羹，故称。

[2] 石髓：石钟乳。古人用于服食，也可入药。

[3] 事件：指家禽、家畜的内脏。

[4] 奶房：一种乳制品。

[5] 肚胘（xián）：牛肚，牛胃。

[6] 腰子：动物的肾。

[7] 川饭分茶：古代川菜食店名称。初见于宋代孟元老《东京梦华录》："大凡食店，大者谓之分茶。"《梦粱录·卷十六·面食店》："向者汴京开南食面店，川饭分茶，以备江南往来士夫，谓其不便北食故耳。南渡以来，几二百余年，则水土既惯，饮食混淆，无南北之分矣。大凡面食店，亦谓之'分茶店'。"

[8] 盦（ān）：古代盛食物的器皿。

[9] 拨刀：指用刀拨制而成的面。

鲚鱼①桐皮面、抹肉淘②、肉齑淘、棋子③、虾臊子面、带汁煎）下至（扑刀鸡鹅面、家常三刀面）皆是也。若欲索供，逐店自有单子牌面。馉饳④店专卖（大燠⑤、臊子馉饳并馄饨），菜面店专卖（菜面、齑淘、血脏面、素棋子、经带，或有拨刀、冷淘⑥），此处不甚尊贵，非待客之所。素食店卖（素签⑦、头羹、面食、乳茧、河鲲、脯煠、元鱼⑧）。凡麸笋⑨乳蕈⑩饮食，充斋素筵会之备。衢州饭店又谓之"闷饭店"，盖卖盒饭也。专卖家常（虾鱼、粉羹、鱼面、蝴蝶⑪之属），欲求粗饱者可往，唯不宜尊贵人。

【译】都城里的食店，大多都是旧京师人开的，如羊饭店兼卖酒。凡是传唤食物，大多都要及时：如果想尽快吃饱，就先点大菜，再点小菜；如果不急于吃饱，就先点小菜，再点大菜（大菜如头羹、石髓饭、大骨饭、泡饭、软羊、浙米饭等；

① 鲚（jì）鱼：鳜鱼。

② 淘：这里指用汁水拌和的食品。

③ 棋子：形状像棋子一样的食品。

④ 馉饳：一种面食，似面疙瘩。

⑤ 燠（yù）：这里是腌藏食品的一种方法。将肉类在油中制熟，拌入盐、酒和作料，油渍在坛中，以备取食。

⑥ 冷淘：凉面、凉粉之类的食品。

⑦ 素签：将素菜用面皮或粉皮包裹成小筒状，蒸食、烤食均可。

⑧ 河鲲、脯煠、元鱼：都是用面做成荤菜的形状。元鱼，甲鱼。

⑨ 麸笋：一种素菜，即烤麸春笋。

⑩ 乳蕈：一种菌，疑即松乳菇。

⑪ 蝴蝶：蝴蝶面，指将面做成蝴蝶形状。

小菜如煎内脏、托胎、奶房、肚尖、牛肚、腰子等）。卖南方饭菜的店称为"南食"，即川菜食店。旧京师开这样的店，来供应那些吃不惯北方饭菜的南方人，如今本在南方，那么"南食"的称呼就是错误的了，所以专卖面食鱼肉之类的食品，如（铺羊面、盦生面、姜拨刀、盐煎面、鳝鱼桐皮面、抹肉淘、肉斋淘、棋子、虾燥子面、带汁煎）以及（扑刀鸡鹅面、家常三刀面），都在售卖。如果要传唤食物，每家店都有菜单供点选。饦饁店专卖（大燠、燥子饦饁以及馄饨），菜面店专卖（菜面、斋淘、血脏面、素棋子、经带，还有拨刀、冷淘等），这种店不高档，不是待客的场所。素食店卖（素签、头羹、面食、乳茧、河鲲、脯煠、元鱼等）。那些麸笋、乳蕈的饮食，可用于斋素宴会。衢州饭店又叫"闷饭店"，主卖盦饭，也专卖家常菜（虾鱼、粉羹、鱼面、蝴蝶面等），想随便吃饱的人可去这个店，不太适合尊贵的人前往。

市食点心，凉暖之月，大概多卖（猪羊鸡煎炸、鰍划子①、四色馒头、灌脯、灌肠、红燠姜豉、蹄子、肘件之属）。夜间顶盘挑架者，如（鹌鹑馉餔儿②、焦𪌘③、羊脂韮④饼、

---

① 鰍划（chǎn）子：一种肉食。

② 馉（gǔ）餔（bǔ）儿：馉饳（duò），古时的一种圆形、有馅、用油煎或水煮的面食。

③ 焦𪌘（duī）：宋代的糖油果子。

④ 韮（jiǔ）：同"韭"。

饼饻^①、春饼、旋饼、澄沙^②团子、宜利少、献餈^③糕、炙䊊子之类）。遍路歌叫，都人固自为常^④，若远方僻土之人乍见^⑤之，则以为稀遇。其余店铺夜市不可细数，如猪胰^⑥胡饼^⑦，自中兴以来只东京脏三家一分，每夜在太平坊巷口，近来又或有效之者。大抵都下买物，多趋有名之家，如昔时之内前卞家从食、街市王宣旋饼、望仙桥糕麋^⑧是也。如酪面^⑨，亦只后市街卖酥贺家一分，每个五百贯，以新样油饼两枚夹而食之，此北食也。其余诸行百户亦如此。市食有名存而实亡者，如瓠羹^⑩是也；亦有名亡而实存者，如瓮羹^⑪，今号䬼面是也；又有误名之者，如呼熟肉为白肉是也，盖白肉别是砧压去油者。

【译】在凉爽温暖的季节，食品店里的各种食物和点心，大概常卖的（猪羊鸡煎炸、鱖划子、四色馒头、灌脯、灌肠、

---

① 饼饻（dàn）：饼类食品。

② 澄沙：过滤后较细的豆沙。

③ 餈（cí）：嫌（食）。

④ 固自为常：习以为常。

⑤ 乍见：初次看见。

⑥ 胰：夹脊肉。又《本草纲目》云：“猪胰一名肾脂，生两肾中间，似脂非脂，似肉非肉。”

⑦ 胡饼：胡人的烧饼。

⑧ 糕麋：一种面食。

⑨ 酪面：疑为乳酪。

⑩ 瓠羹：瓠叶羹，用瓠叶等煮成的羹。

⑪ 瓮羹：旧时一种面食。

红爊姜豉、蹄子、肘件等）。夜间顶着食盘、挑着货架售卖的，如（鹌鹑馉饳儿、焦馇、羊脂韭饼、饼餤、春饼、旋饼、澄沙团子、宜利少、献餈糕、炙耙子等）。小贩们在大街各处大声叫卖，京城的人都习以为常，若是远方偏僻之地的人初见这种情景，就会觉得是难得一见。其他店铺的夜市数不胜数，如猪胰胡饼，自中兴以来只东京脏三家一家售卖，每天夜里在太平坊巷口开售，近来又有效仿他家的人。大抵京城人买东西，大多都去有名的商家，如昔日皇宫前的卞家从食、街市里的王宣旋饼、望仙桥的糕糜，都是有名的商家。比如酪面，只有后市街卖酥的贺家一家售卖，每个五百贯钱，用两个新出锅的油饼夹着吃，这属北方风味的食物。其余很多行业的商户也是这样。市食有名存实亡的，如瓠羹；也有名亡实存的，如瓮羹，现在叫作斋面；还有名字搞错的，如称呼熟肉为白肉的，白肉其实是砧压后、去了油的肉。

又有专卖小儿戏剧糖果，如打娇惜^①、虾须、糖宜娘^②、打秋千、稠饧^③之类。

【译】还有专门卖给小孩子的玩具和糖果，如打娇惜、虾须、糖宜娘、打秋千、稠饧等。

① 打娇惜：一种儿童玩具，类似今陀螺。

② 宜娘：有一种说法指杨宜娘，北宋杨门女将。

③ 稠饧：一种厚的饴糖。宋代孟元老《东京梦华录·清明节》："节日，坊市卖稠饧、麦糕、乳酪、乳饼之类。"

茶坊

　　大茶坊张挂名人书画。在京师只熟食店挂画，所以消遣久待也，今茶坊皆然。冬天兼卖擂茶①，或卖盐豉汤，暑天兼卖梅花酒。绍兴间，用鼓乐吹梅花酒曲②。用旋勺③，如酒肆间，正是论角④，如京师量卖。茶楼多有都人子弟占此会聚，习学乐器，或唱叫⑤之类，谓之"挂牌儿"。人情茶坊，本非以茶汤为正，但将此为由，多下茶钱也。又有一等专是娼妓弟兄⑥打聚处；又有一等专是诸行借工卖伎人会聚行老⑦处，谓之"市头"。

---

① 擂茶：又名三生汤，起于汉，盛于明清，流传已久。关于擂茶的起源，目前公认的说法为广东省揭西县河婆镇南关城老妇人何婆售卖的街边小吃。当时的南关城是潮汕和惠州经商的必经之路，而何婆的擂茶解决了往来客商的疲劳，因此名声远播。擂茶一般都用大米、花生、芝麻、绿豆、食盐、茶叶、山苍子、生姜等为原料，用擂钵捣烂成糊状，冲开水和匀，加上炒米，清香可口。

② 梅花酒曲：指《梅花引》曲。又名《梅花三弄》《玉妃引》，是中国传统艺术中表现梅花的佳作。《神奇秘谱》记载此曲最早是东晋时桓伊所奏的笛曲。后由笛曲改编为古琴曲，全曲表现了梅花洁白、傲雪凌霜的高尚品性。此曲借物咏怀，通过梅花的洁白、芬芳和耐寒等特征，来赞颂具有高尚节操的人。

③ 旋勺：舀酒的木勺。

④ 角：古代量器，酒的计量单位。

⑤ 唱叫：宋代民间曲艺的一种歌唱形式，又称叫声。

⑥ 娼妓弟兄：五奴，宋、元时对妓院龟奴（讥称旧时在妓院里担任杂务的男子）的称呼。五，为乌龟之"乌"的借音。宋代周密《癸辛杂识续集·打聚》："阛阓瓦市，专有不逞之徒，以掀打衣食户为事，纵告官治之，其祸益甚。五奴辈苦之。"

⑦ 行老：古代大都市中各行各业的头儿，兼为人介绍职业。

【译】大茶坊里都张挂着名人的书画。在旧京师只有熟食店才张挂书画，供顾客消遣久等的时光，如今的茶坊也是这样。茶坊在冬天兼卖擂茶，或卖盐豉汤，暑天兼卖梅花酒。绍兴年间，有的茶坊以鼓乐吹《梅花引》曲来卖梅花酒。茶坊像京师的酒店一样用旋勺，按角来量卖茶汤。大凡茶坊，大多有京城富家子弟在这里聚会，学习乐器或练习歌唱等，这称为"挂牌儿"。关于人情茶坊，本非以点茶汤为正业，而是以茶汤为理由，多赚些茶钱。有一种茶坊专是妓院杂工聚会的地方；还有一种茶坊专是各行的手艺人会见行业头儿的地方，这称为"市头"。

水茶坊，乃娼家聊设桌凳，以茶为由，后生①辈甘于费钱，谓之"干茶钱"。提茶瓶，即是趁赴②充茶酒人，寻常月旦③望④，每日与人传语往还，或讲集人情分子⑤。又有一等，是街司人兵，以此为名，乞见钱物，谓之"龊茶⑥"。

【译】有的水茶坊，为娼妓聊天设好桌凳，以卖茶为由

---

① 后生：年轻人、晚辈。

② 趁赴：往赴；前往。

③ 月旦：农历每月初一。

④ 望：农历每月十五。

⑤ 讲集人情分子：份子头，即帮人收集份子钱以送礼。

⑥ 龊（chuò）茶：宋代习俗。官府兵丁差役向街肆店铺点送茶水，借以乞求钱物，谓之"龊茶"。

来勾引顾客的地方。年轻人也甘心破费钱财，这称为"干茶钱"。又有提着茶瓶的，即趁赴充茶酒人，寻常的月初和月半，每日借着点送茶之机，往返帮人传话，或帮人收集人情份子钱，以此获取犒赏。还有一种，是街道司的差役，借点送茶为由，向街市店铺讨要钱物，这称为"龊茶"。

四司六局

官府贵家置四司六局，各有所掌，故筵席排当①，凡事整齐。都下街市亦有之。当时人户，每遇礼席，以钱请之，皆可办也。

帐设司，专掌仰尘②、缴③壁、桌帏④、搭席、帘幕、罘罳⑤、屏风、绣额、书画、簇子之类。

【译】官府和富贵人家设置四司六局，分别负责各项事务，故酒席宴会，办事有条不紊。京城的街市里也有这样的组织。平常人家遇上置办酒席，就花钱雇请，都可以来效劳。

帐设司，专门负责搭天棚、缠帐壁、摆桌帷、设座席，

① 排当：饮宴。

② 仰尘：天棚，在户外用竹木席幔等搭起的棚，用以遮蔽风雨日光。

③ 缴：缠绕。

④ 桌帏（wéi）：也称"桌帷""桌围"。围在桌子边的装饰物，多以布或绸缎做成。

⑤ 罘（fú）罳（sī）：指室内的屏风。宋代洪迈《夷坚三志壬·吴仲权郎中》："明日，索浴治具於房，婢以罘罳围之。吴曰：'何用？'曰：'恐为隙风所搏。'" 明代花梦月《浣溪沙》词："一窗日影到罘罳。"

以及置办帘幕、屏风、绣额、书画、簇子等类的事务。

厨司，专掌打料、批切、烹炮、下食、调和节次。

茶酒司，专掌宾客茶汤、暖荡①、筛酒②、请坐、谘席③、开盏④、歇坐⑤、揭席⑥迎送、应干⑦节次⑧。

台盘司，专掌托盘打送⑨、赍擎⑩、劝酒、出食、接盏等事。

【译】厨司，专门负责处理食材、批切骨肉、烹饪炮煮、准备食物、调和美味等程序。

茶酒司，专门负责点送宾客茶汤、烫酒、斟酒、迎客入座、安排席位、为客上菜、席间休息陪客聊天、散席后恭送宾客等一切跟宴请有关的事务。

台盘司，专门负责盘碟的传送、捧持酒食、劝酒、上菜、接应酒杯等事务。

---

① 暖荡：指烫酒。

② 筛酒：斟酒。

③ 谘席：安排座席。

④ 开盏：为客斟酒、上菜。

⑤ 歇坐：古代酒宴中间的短暂休息。宋代倪思《经锄堂杂志·筵宴三感》："今夫筵宴以酒十行为率，酒先三行，少憩，俗谓之歇坐。"

⑥ 揭席：散席。

⑦ 应干：请客送客传话之类。也指一切有关的。

⑧ 节次：逐次；逐一。

⑨ 打送：送。

⑩ 赍（jī）擎（qíng）：捧持，持送。

果子局，专掌装簇^①、盘钉^②、看果^③、时果、准备劝酒^④。

蜜煎局，专掌糖蜜花果、咸酸劝酒之属。

菜蔬局，专掌瓯钉菜蔬^⑤、糟藏之属。

【译】果子局，专门负责给食物装盘摆样、供应看果和新鲜水果、备好劝酒的小食。

蜜煎局，专门负责制作糖蜜花果、咸酸劝酒的小食等食物。

菜蔬局，专门负责摆放看盘菜蔬、糟藏食物等事务。

油烛局，专掌灯火照耀、立台、剪烛、壁灯、烛笼、装香^⑥、簇炭之类。

香药局，专掌药碟、香球、火箱、香饼、听候索唤、诸般奇香及醒酒汤药之类。

排办局，专掌挂画、插花、扫洒、打渲^⑦、拭抹、供过^⑧之事。

【译】油烛局，专门负责灯火照耀、立烛台、剪烛花、

---

① 装簇：摆放，堆叠。

② 盘钉：盘盛果品食物的统称。

③ 看果：指以木、土、蜡等制作的果品，供祭祀或观赏用。显德元年，周祖创造供荐之物。世宗以外姓继统，凡百务从崇厚，灵前看果，雕香为之。

④ 劝酒：这里指劝盘，劝酒时用来放酒杯的盘子。

⑤ 瓯钉菜蔬：簇钉看盘菜蔬，即摆放在看盘里仅供观赏的菜蔬。

⑥ 装香：此处指"装火"。

⑦ 打渲：用水洗涤。

⑧ 供过：侍奉。

准备壁灯和灯笼以及装火、簇炭等事务。

香药局，专门负责香药碟、香球、火箱、香饼、听候传唤，以及准备各种奇香和醒酒汤药等物品。

排办局，专门负责挂画、插花、扫地、洒水、洗涤、拭抹、侍奉等事务。

凡四司六局人祗应^①惯熟^②，便省宾主一半力，故常谚曰："烧香点茶，挂画插花，四般闲事，不讦戾家^③。"若其失忘支节^④，皆是祗应等人不学之过。只如^⑤结席喝犒^⑥，亦合依次第^⑦，先厨子，次茶酒，三乐人。

【译】这些四司六局的人，当差很熟练，可以省去宾主一半的精力，因此有谚语说："烧香点茶，挂画插花，四般闲事，不讦戾家。"如果遗忘了一些细碎的小事，也是当差的人没培训好的原因。就像酒席结算时的犒赏，也是按照一定的次序，先是厨司，之后是茶酒司，第三是乐人。

① 祗应：侍从，当差。

② 惯熟：熟练。

③ 不讦（jié）戾（lì）家：不被指责是外行人。讦，斥责别人的过失。戾家，外行人。

④ 支节：细碎，繁琐。唐代元稹《苦雨》诗："又提精阳剑，蛟螭支节屠。"清代陈鳣《对策》卷四："至于《礼志》，合郊祀、祭祀、朝会为一门，以省支节。"

⑤ 只如：就像。

⑥ 犒：指宴席结束后主家的犒赏。

⑦ 次第：依次，按照顺序或以一定顺序，一个接一个地。

瓦舍众伎

瓦^①者，野合^②易散之意也，不知起于何时。但在京师时甚，为士庶^③放荡不羁之所，亦为子弟流连破坏之地。

【译】瓦舍，就是临时凑合后就散的意思，不知起源于什么时候。但在旧京师时很是流行，是读书人和普通百姓放荡不羁的场所，也是年轻人沉溺于游乐和迷乱的地方。

散乐^④，传学教坊^⑤十三部，唯以杂剧^⑥为正色^⑦。旧教坊

---

① 瓦：瓦舍。在宋朝的一些大城市，有固定的娱乐场所，人们称其为瓦舍。在宋元时期兴盛一时的民间艺术演出所"勾栏瓦舍"，是中国戏剧史上一个重要的文化现象，具有独特的地位。瓦舍是城市商业性游艺区，也叫瓦子、瓦市。

② 野合：这里似指临时凑合。

③ 士庶：读书人和普通百姓。

④ 散乐：古代乐舞名。原指周代民间乐舞。宋元以后指民间艺人。也指民间剧团。

⑤ 教坊：中国古代舞乐机构，负责教习音乐、舞蹈、百戏。唐高祖置内教坊于禁中，掌教习音乐，原属太常寺。武则天如意元年（公元692年），改为云韶府，以宦官为使。玄宗开元二年（公元714年）），又置内教坊于蓬莱宫侧，京都置左右教坊，掌俳优杂技，教习俗乐，以宦官为教坊使，后遂不再属太常寺。此后凡祭祀朝会用太常雅乐，岁时宴享则用教坊俗乐。宋、金、元各代亦置教坊，明置教坊司、司礼部，清废。

⑥ 杂剧：古代有多种以杂剧为名的表演形式，到了宋代，"杂剧"逐渐成为一种新表演形式的专称。这一新形式也确实称得上"杂"的，包括歌舞、音乐、调笑、杂技，它分为三段：第一段称为"艳段"，表演内容为日常生活中的熟事，作为正式部分的引子；第二段是主要部分，大概是表演故事、说唱或舞蹈；第三段叫散段，也叫杂扮、杂旺、技和，表演滑稽、调笑，或间有杂技。三段各一内容，互不连贯。

⑦ 色：与下文的"部"同为古代教坊所属部门的名称。

有筚篥部、大鼓^①部、杖鼓^②部、拍板^③色、笛色、琵琶色、筝色、方响^④色、笙色、舞旋色、歌板色、杂剧色、参军^⑤色。色有色长^⑥，部有部头^⑦，上有教坊使、副钤辖^⑧、都管、掌仪范^⑨者，皆是杂流^⑩命官^⑪。其诸部分紫、绯^⑫、绿三等宽衫两下

① 大鼓：乐器名。打击乐器的一种，又作太鼓。即在中空的木制圆筒上张皮，以供打击的乐器。

② 杖鼓：打击乐器。

③ 拍板：中国碰奏体鸣乐器。又称檀板、绰板，简称板。用于戏曲、曲艺和器乐合奏。古时由西北传入中原。唐代用于散乐，宋代用于民间说唱、民间器乐、教坊大乐和马后乐，元代用于宫廷音乐和杂剧，明、清用于宫廷和民间音乐。

④ 方响：古代中国打击乐器，南朝梁代出现，是中国古代很有艺术特色并具有固定音高的敲击乐器。方响出自距今一千四百多年前的南北朝时的北周（公元557—581年），后为隋、唐燕乐中常用的乐器。它通常由十六块铁板根据音高顺序排列而成，用小铁锤或木槌敲击发音。

⑤ 参军：指参军戏。中国古代戏曲形式。由优伶演变而成。五胡十六国后赵石勒时，一个参军官员贪污，就令优人穿上官服，扮作参军，让别的优伶从旁戏弄，参军戏由此得名。内容以滑稽调笑为主。一般是两个角色，被戏弄者名参军，戏弄者叫苍鹘（hú）。至晚唐，参军戏发展为多人演出，戏剧情节也比较复杂，除男角色外，还有女角色出场。参军戏对宋金杂剧的形成有着直接影响。

⑥ 色长：色的负责人。

⑦ 部头：部的负责人。

⑧ 钤（qián）辖：宋代武官名。

⑨ 掌仪范：掌仪和掌范均为官名。

⑩ 杂流：旧时对手艺工人的蔑称，亦作"杂沓"。出自《汉书·扬雄传》。这里指不是正途出身的杂职官吏和小官吏。

⑪ 命官：朝廷任命的官吏。

⑫ 绯（fēi）：绯色。红色，深红色，属于红色系。在古文中常指代红色，也是一种身份的象征。

各垂黄义^①襕^②。

【译】散乐，传学教坊分十三部，唯独以杂剧为正色。旧时的教坊有觱篥部、大鼓部、杖鼓部、拍板色、笛色、琵琶色、筝色、方响色、笙色、舞旋色、歌板色、杂剧色、参军色。每色都有色长，各部都有部头，再往上有教坊使、副钤辖、都管、掌仪范等官职，都是杂职官吏。各部所穿的衣服，基本上分紫色、红色、绿色三种颜色的宽衫，两边下摆各垂着长长的黄色的襕。

杂剧部又戴诨裹^③，其余只是帽子、幞头^④。以次又有小儿队，并女童采莲队。又别有钩容班^⑤，今四孟随在驾后，乘马动乐者，是其故事^⑥也。绍兴三十一年，省废教坊之后，每遇大宴，则拨差^⑦临安府衙前乐等人充应^⑧，属修内司教乐所掌管。教坊大使，在京师时，有孟角球，曾撰杂剧本子；

---

① 义：通"仪"，指一定礼制。一说通"峨"，指长长的。

② 襕（lán）：古代衣与裳相连的长衣下摆所加的作为下裳形制的横幅，称为襕。加襕之制，始于北周而定于唐。

③ 诨（hùn）裹：头巾一类的东西。大多为教坊、诸杂剧人所戴用。

④ 幞头：又名折上巾、软裹，一种包裹头部的纱罗软巾。有多种样式。

⑤ 钩容班：钩容班直，属禁军殿前司马军诸班。为军乐队于皇帝外出时骑导，以骑吹形式演奏教坊乐。

⑥ 故事：旧日的制度；例行的事。

⑦ 拨差：调遣，调派。

⑧ 充应：充差应役。

又有葛守成，撰四十大曲词；又有丁仙现，捷才知音。绍兴间，亦有丁汉弼、杨国祥。

【译】杂剧部的艺人还戴诨裹，其余的只是戴帽子、幞头。其次也有小儿队，还有女童采莲队。另外有钩容班直，如今是皇帝在四季孟享时随驾在后，乘着马车演奏音乐的人，就是沿用旧日的制度。绍兴三十一年，朝廷废止教坊之后，每逢大宴的时候，就调派临安府衙前乐等人来充差应役，属修内司教乐所掌管。在旧京师时，教坊的大使，有孟角球，曾撰写杂剧本子；有葛守成，撰写四十大曲词；还有丁仙现，才思敏捷，通晓音律。南宋绍兴年间，也有丁汉弼、杨国祥。

杂剧中，末泥①为长，每四人或五人为一场，先做寻常熟事②一段，名曰"艳段"；次做正杂剧，通名为"两段"。末泥色主张③，引戏色吩咐④，副净⑤色发乔⑥，副末色打

① 末泥：宋代杂剧中的男主角。

② 熟事：指大众熟悉的故事。

③ 主张：这里指担任主角，支撑全剧。

④ 吩咐：这里指交代剧情。

⑤ 副净：与"副末"皆为配角。

⑥ 发乔：假装憨愚之态。

诨^①，又或添一人装孤^②。其吹曲破^③、断送^④者，谓之"把色"。大抵全以故事，世务^⑤为滑稽，本是鉴戒^⑥，或隐为谏诤^⑦也，故从便跣露^⑧，谓之"无过虫^⑨"。

【译】杂剧之中，负责人是男主角，每四人或五人为一场，先表演一段普通大众熟悉的故事，称为"艳段"；其次表演正杂剧，通称为"两段"。表演过程中，负责人担任主角，让戏色交代剧情，副净色假装憨愚，副末色即兴说笑逗乐，或者再添一人饰演官员。吹曲破、断送的人，称为"把色"。大抵杂剧所表演的都是故事，力求滑稽好笑，本意是让人警醒，或隐含让人改正过错，所以从而揭露世态，这称为"无过虫"。

---

① 打诨：即兴说笑逗乐。

② 装孤：剧中属于官员一类的人物。

③ 曲破：词的一种体裁。它将一部大曲破开用其中的一遍演为歌舞，一般有曲无词，将故事融入歌舞之中，类似于歌舞戏。《凉州彻》《伊州遍》《霓裳中序》等即属于曲破。

④ 断送：宋、元间戏曲名词。

⑤ 世务：谋身治世之事。

⑥ 鉴戒：可以使人警惕的事情。

⑦ 谏（jiàn）诤（zhèng）：指直言规劝，使人改正过错。

⑧ 跣（xiǎn）露：揭露。

⑨ 无过虫：宋代戏曲艺人的别称。

诸宫调①，本京师孔三传编撰传奇灵怪，八曲②说唱。

【译】诸宫调，出自旧京师的孔三传所编撰的传奇灵怪故事，谱曲后说唱。

细乐③比之教坊大乐，则不用大鼓、杖鼓、羯鼓④、头管⑤、琵琶、筝也，每以箫管、笙、篆⑥、稽琴⑦、方响之类合动。小乐器只一二人合动也。如双韵⑧合阮咸⑨、稽琴合箫管⑩、

---

① 诸宫调：说唱的一种形式，是一种古老的传统民间艺术，属于中国宋、金、元时期的一种大型说唱文学。是从变文和教坊大曲、杂曲的基础上发展而来的，因集若干套不同宫调的曲子轮递歌唱而得名。诸宫调以说唱为主，又因为它用琵琶等乐器伴奏，故又称"弹词""弦索"。

② 八曲：疑为"入曲"之误。《梦粱录·卷二十·妓乐》："说唱诸宫调，昨汴京有孔三传编成传奇灵怪，入曲说唱。"

③ 细乐：管弦之乐。

④ 羯鼓：一种出自外夷的乐器。 羯鼓两面蒙皮，腰部细，用公羊皮做鼓皮，因此叫羯鼓。它发出的音主要是古时十二律中阳律第二律一度。古时，龟兹、高昌、疏勒、天竺等地的居民都使用羯鼓。

⑤ 头管：乐器名。

⑥ 篆：一种乐器，似筝，有七弦。

⑦ 稽琴：古乐器名，又称嵇琴。一说为西晋嵇康所抚之琴。

⑧ 双韵：此处指一种乐器。

⑨ 阮咸：弦乐器，形状略像月琴，柄长而直，有四根弦，现在也有三根弦的。相传因西晋阮咸善弹这种乐器而得名。简称阮。

⑩ 箫管：排箫和大管。泛指管乐器。

鳌琴①合葫芦②。琴单拨十四弦③，吹赚动鼓板④《渤海乐》《一拍子》，至于《十拍子》。又有拍番⑤鼓子⑥、敲水盏⑦、锣板⑧、和鼓儿⑨，皆是也。今街市有乐人三五为队，专赶春场、看潮、赏芙蓉及酒座祗应，与钱亦不多，谓之"荒鼓板"。

【译】细乐同教坊大乐比起来，它不用大鼓、杖鼓、羯鼓、头管、琵琶、筝等乐器，是以箫管、笙、篥、稽琴、方响等类乐器进行合奏。合奏小乐器，一两个人就可以。如双韵与阮咸合奏、稽琴与箫管合奏、鳌琴与葫芦琴合奏。单拨的十四弦，吹赚动鼓板《渤海乐》《一拍子》，直到《十拍子》。还有拍鼓子、敲水盏、打锣板、和鼓儿，都属管弦乐。现今街市上有乐人三五人为一乐队，专赶春场、看潮、赏芙蓉以及酒席宴会时进行表演，得到的赏钱也不多，称为"荒鼓板"。

① 鳌（qiāo）琴：渤海琴，古代三弦，亦称"枕琴"。中国古代地方政权渤海国乐器。

② 葫芦：葫芦琴。是葫芦瓜壳（民间称"格当"）截去两端作为胡琴的共鸣筒，形式与普通二胡相似，音乐圆浑、略带沙沙声。它没有自己单独的演奏乐曲，是布依戏、八音坐弹伴奏最具民族特色的乐器之一。在乐队中与牛骨胡配成"公母"琴（葫芦琴为"公琴"，牛骨胡为"母琴"）。

③ 十四弦：古乐器名。因有十四根弦而得名。

④ 鼓板：为单皮鼓和檀板两种乐器的组合，为戏曲乐队的指挥乐器。鼓板由鼓师一人负责掌握。鼓板常用于昆剧、京剧、越剧等戏曲的伴奏。

⑤ 番：指外国的或外族的。

⑥ 鼓子：古军中乐器。

⑦ 水盏：因盏中盛水而得名。古称缶、铜瓯、响盏，敲击体鸣乐器。满族称铜盏，汉族又称缶碗。

⑧ 锣板：锣和击打锣的板。

⑨ 鼓儿：一种小鼓。

清乐^①比马后乐，加方响、笙、笛，用小提鼓，其声亦轻细也。淳熙间，德寿宫^②龙笛^③色，使臣四十名，每中秋或月夜^④，令独奏龙笛，声闻于人间^⑤，真清乐也。

　　【译】清乐同马后乐比起来，增加了方响、笙、笛等乐器，用小提鼓，其声音也很轻细。在淳熙年间，德寿宫龙笛色，有使臣四十名，每逢中秋或有月光的夜晚，让他们独奏龙笛，笛声高亢，这才是清雅的音乐。

　　唱叫^⑥、小唱^⑦，谓执板唱慢曲^⑧、曲破^⑨，大率重起轻杀，故曰"浅斟低唱^⑩"。与四十大曲舞旋^⑪为一体，今瓦

---

① 清乐：清雅的音乐。

② 德寿宫：本为秦桧府第。秦桧死后收归官有，改筑新宫。后宋高宗移居新宫，改名"德寿宫"。之后，孝宗为表孝敬，将德寿宫一再扩建，时称"北内""北宫"。

③ 龙笛：一种横吹木管乐器，由竹制成。

④ 月夜：有月光的夜晚。

⑤ 声闻于人间：形容声音高亢。

⑥ 唱叫：大声呼叫，宋代民间曲艺的一种歌唱形式。

⑦ 小唱：乐曲体裁之一，由管乐伴奏；后演变成为民间曲艺。

⑧ 慢曲：戏曲名词。以曲调舒缓得名。

⑨ 曲破：唐、宋代乐舞名。大曲的第三段称"破"，单演唱此段称"曲破"。节奏紧促，有歌有舞。

⑩ 浅斟低唱：慢慢地喝酒，低低地歌唱；形容封建时代的士大夫消闲享乐的情状。

⑪ 舞旋：古代一种回旋的舞蹈。

市^①中绝无。嘌唱^②，谓上鼓面唱令曲^③小词^④，驱驾^⑤虚声，纵弄^⑥宫调，与叫果子^⑦、唱耍曲儿为一体，本只街市，今宅院往往有之。叫声，自京师起撰，因市井诸色歌吟卖物之声，采合宫调而成也。若加以嘌唱为引子，次用四句就入者，谓之"下影带^⑧"。无影带者，名"散叫"。若不上鼓面、只敲盏者，谓之"打拍"。

【译】唱叫、小唱，指执板唱慢曲、曲破，大抵重起轻杀，故称"浅斟低唱"。同四十六大曲、舞旋浑为一体，今瓦市中已经没有了。嘌唱，指由击鼓伴奏，唱令曲小词，使用虚声，调弄宫调，与叫果子、唱耍曲儿成为一体，本来只有街市上才有，如今宅院中往往也有。叫声，自旧京师起撰，用市井各种歌吟及卖东西的吆喝声，结合宫调而编成的。如果加以

---

① 瓦市：又叫"瓦子""瓦舍""瓦肆"，简称"瓦"。宋、元代大都市的娱乐场所，即茶楼、酒肆以及表演诸色伎艺的地方。瓦肆设有勾栏，演出杂剧及讲史、诸宫调、傀儡戏等，也有卖药、卖卦、理发、饮食之类摊铺。

② 嘌唱：宋代民间一种音调曲折柔曼的唱法。亦指以此唱法演唱的时调、小曲。

③ 令曲：小令。指短调的词。

④ 小词：宋词的分类之一，即后世所称的令、引、近。词是一种配合曲调传唱的文学样式，它产生于隋唐之际，成熟于晚唐五代之时，大盛于宋代，成为一代文学的代表。

⑤ 驱驾：使用，驾驭。

⑥ 纵弄：操弄；调弄。

⑦ 叫果子：古代说唱曲艺。宋代乐工模仿各种不同叫卖声音写成乐曲，演奏时并配以说唱。又称叫声、吟叫。源于宋仁宗至和（公元 1054—1055 年）、嘉祐（公元 1056—1064 年）年间曲艺《紫苏丸》《十叫子》，嘉祐末年始有此曲艺。

⑧ 影带：犹影射。谓借此说彼，暗指某人某事。

嘌唱为引子，再用四句紧跟进入，称为"下影带"。如果无影带，就称为"散叫"。如果不击鼓、只敲盏的，称为"打拍"。

　　唱赚①在京师日，有缠令②、缠达③：有引子、尾声为"缠令"；引子后只以两腔互迎，循环间用者，为"缠达"。中兴后，张五牛大夫因听动鼓板中，又有四片《太平令》，或赚鼓板（即今拍板大筛④扬处⑤是也），遂撰为"赚"。赚者，误赚⑥之义也。令人正堪美听，不觉已至尾声。是不宜为片序⑦也。今又有"覆赚"，又且变花前月下之情及铁骑之类。凡赚最难，以其兼慢曲、曲破、大曲、嘌唱、耍令、番曲、叫声诸家腔谱也。

　　【译】唱赚在旧京师时，有缠令和缠达：有引子和尾声的称为"缠令"；只在引子后有两个曲牌相互迎合、交替演唱的，称为"缠达"。南宋中兴以后，张五牛大夫因听演奏的鼓板中有四片的《太平令》和赚鼓板（今拍板大节抑扬顿挫处的），于是创造出"赚"的说唱形式。赚，误赚的意思。让人们美美地欣赏音乐时，不知不觉已到尾声。这不适合作

----

① 唱赚：宋代的一种说唱艺术。演唱兼具诸家腔谱的"赚"曲。

② 缠令：宋代民间说唱艺术的一种曲调。

③ 缠达：宋代民间说唱艺术的一种曲调。一说是一种歌舞相兼的艺术形式。

④ 大筛：疑为"大节"之误。

⑤ 扬处：指抑扬顿挫、慷慨激昂的段落。

⑥ 误赚：诓骗，欺骗。

⑦ 不宜为片序：片序的音节一般都很缓慢，唱赚是综合了很多唱腔而谱写的，音节繁且律多变，因此不适合作片序。

片序。如今又有"覆赚",且变花前月下之情和铁骑豪情等。唱赚是很有难度的,因为它集合了慢曲、曲破、大曲、嘌唱、耍令、番曲、叫声等很多家的唱腔和曲谱。

　　杂扮①或名"杂旺",又名"纽元子",又名"技和②",乃杂剧之散段。在京师时,村人罕得入城,遂撰此端。多是借装为山东、河北村人,以资笑。今之打和鼓③、捻梢子④、散耍⑤皆是也。

　　【译】杂扮或称"杂旺",又名"纽元子",又名"技和",是杂剧中的散段。在旧京师时,乡下人很难得进城,于是编撰这些。大多是假扮山东、河北的村夫,以供逗乐。如今的打和鼓、捻梢子、散耍都是这样的。

　　百戏,在京师时,各名左右军,并是开封府衙前乐营。相扑争交,谓之"角觝⑥之戏"。别有使拳,自为一家,与相扑曲折⑦相反,而与军头司大士相近也。

---

① 杂扮:宋代流行的一种小戏。以剧情简单、逗人嬉笑著称。一般为杂剧之散段。

② 技和:《梦粱录》作"拔和"。

③ 和鼓:一种鼓名。《元史·礼乐志五》:"和鼓,制如大鼓而小,左持而右击之。"

④ 捻梢子:摇小鼓。

⑤ 散耍:宋代技艺表演之一。犹杂耍。

⑥ 角觝:类似现在摔跤、相扑一类的两两角力的竞技活动。

⑦ 曲折:详细情况。这里指竞技规则。

【译】百戏，在旧京师时，各称左右军，并属于开封府衙的前乐营。相扑争交，称为"角觝之戏"。还有使拳的角戏，自成一家，其竞技规则与相扑不同，而与军头司大士的要求很相近。

踢弄①，每大礼后宣赦时，抢金鸡②者用此等人，上竿、打筋头、踏跷③、打交辊、脱索、装神鬼、抱锣、舞判④、舞斫刀⑤、舞蛮牌⑥、舞剑，与马打球，并教船上秋千、东西班野战⑦、诸军马上呈骁骑⑧（北人乍柳⑨）、街市转焦馈为一体。

【译】踢弄，每到大礼后宣赦时，抢金鸡的活动用这些人，上竿、打筋头、踏跷、打交辊、脱索、装神鬼、抱锣、舞判、舞斫刀、舞蛮牌、舞剑，于马上打球，以及教船上秋千、东西班野战、诸军马上呈骁骑（北方人的驰马射柳之戏）、街

---

① 踢弄：古代百戏中以手足为主的杂技。

② 抢金鸡：《东京梦华录·卷十·下赦》："鸡竿约高十数丈，竿尖有一大木盘，上有金鸡，口衔红幡子，书'皇帝万岁'字。盘底有彩索四条垂下，有四红巾者争先缘索而上，捷得金鸡红幡，则山呼谢恩讫。"

③ 踏跷：踩高跷。

④ 舞判：指扮作判官或钟馗的舞蹈。

⑤ 斫刀：一种武器，刀的一种。

⑥ 蛮牌：粗藤做的盾牌。

⑦ 东西班野战：指两队人马表演野外作战。

⑧ 呈骁骑：指在马上表演骑术。

⑨ 乍柳：古代驰马射柳之戏。

市上转焦饳等为一体。

　　杂手艺皆有巧名：踢瓶、弄碗、踢磬、弄花鼓槌、踢墨笔、弄球子、椤筑球①、弄斗、打硬、教虫蚁②，及鱼弄熊③、烧烟火、放爆仗、火戏儿、水戏儿、圣花、撮药、藏压、药法傀儡④、壁上睡，小则剧术射穿、弩子打弹、攒壶瓶（即古之投壶⑤）、手影戏、弄头钱、变线儿、写沙书、改字。

　　【译】杂手艺都有好听的名字，如：踢瓶、弄碗、踢磬、弄花鼓槌、踢墨笔、弄球子、打筑球、弄斗、打硬、教虫蚁，及鱼弄熊、烧烟火、放爆仗、火戏儿、水戏儿、圣花、撮药、藏压、药发傀儡、壁上睡，小则剧术射穿、弩子打弹、攒壶瓶（古代的投壶游戏）、手影戏、弄头钱、变线儿、写沙书、改字等。

① 椤（zā）筑球：筑球，古代百戏之一，以杖击球或以足踢球。椤，古通"拶（zā）"，这里是击打的意思。

② 教虫蚁：指调教虫蚁或其他动物进行表演。

③ 鱼弄熊：疑前缺"弄"字，指"弄鱼弄熊"。

④ 药法傀儡：即药发傀儡，由火药引发的傀儡表演，是一种在中国北宋时期流行的傀儡戏。

⑤ 投壶：古代士大夫宴饮时做的一种投掷游戏，也是一种礼仪。在战国时期较为盛行，尤其在唐朝，得到了发扬光大。投壶是把箭向壶里投，投中多的为胜，负者照规定的杯数喝酒。

弄悬丝傀儡①（起于陈平六奇解围②）、杖头傀儡③、水傀儡④、肉傀儡⑤（以小儿后生辈为之）。凡傀儡，敷演⑥烟粉灵怪故事、铁骑、公案之类，其话本⑦或如杂剧，或如崖词⑧。大抵多虚少实，如巨灵神⑨、朱姬大仙⑩之类是也。

【译】手艺者还会表演悬丝傀儡（起源于陈平六出奇谋解围的故事）、杖头傀儡、水傀儡、肉傀儡（小孩子与年轻男人一起表演的节目）。所有的傀儡戏，讲述的是烟粉灵怪故事、铁骑、公案等，其底本有的像杂剧，有的像崖词，大多数虚构的多真实的少，比如巨灵神、朱姬大仙等就是这样的。

---

① 悬丝傀儡：一般指提线木偶戏。提线木偶戏古称悬丝傀儡，是中国古代一种重要的汉族戏剧形式。

② 陈平六奇解围：典出《史记·世家二十六陈丞相》，指西汉随军谋士陈平为汉高祖刘邦六出奇谋。

③ 杖头傀儡：一般指杖头木偶。是以木杖来操纵动作完成，它内部虚空，眼嘴可以活动，颈部下面接一节木棒或竹竿，表演者一手掌握两根操纵杆进行表演，因而又称"举偶"。就杖头木偶的偶型而言，有大中小三种，分布地域不同，各有特色。

④ 水傀儡：指在水上表演的傀儡戏。

⑤ 肉傀儡：一般认为是幼童在大人托举下表演各种技艺或戏剧。

⑥ 敷演：陈述并加以发挥。

⑦ 话本：宋代兴起的白话小说，用通俗文字写成，多以历史故事和当时社会生活为题材，是宋元民间艺人说唱的底本。今存《清平山堂话本》《全相平话五种》等。

⑧ 崖词：宋代诗赞形式的一种说唱文学。

⑨ 巨灵神：出自明代著作神魔小说《西游记》，是托塔李天王帐下的一员天神战将，所使用的兵器是一柄宣花板斧，体型庞大身强力壮，舞动起沉重的宣花板斧时，似凤凰穿花，灵巧无比。

⑩ 朱姬大仙：神仙名。

影戏^①，凡影戏乃京师人初以素纸雕镞，后用彩色装皮为之。其话本与讲史书者颇同，大抵真假相半，公忠者雕以正貌，奸邪者与之丑貌，盖亦寓褒贬于市俗之眼戏也。

【译】影子戏，凡影子戏是旧京师人最初以白纸雕镞人物，后用皮革雕形，再用彩色妆饰。故事底本与讲史书的很是相同，大多数都是真假参半，公忠的人物就雕成正直的相貌，奸邪的人物就雕成丑恶的相貌，这是一种用一般人的眼光来对现实的褒贬以及对善恶行为的分辨的戏剧。

说话有四家^②，一者小说，谓之"银字儿"，如烟粉、灵怪、传奇。说公案，皆是搏刀赶棒^③，乃发迹变泰^④之事。说铁骑儿，谓士马金鼓^⑤之事。说经，谓演说佛书。说参请，谓宾主参禅悟道等事。讲史书，讲说前代书史文传、兴废争战之事。最畏小说人，盖小说者能以一朝一代故事顷刻间提

---

① 影戏：又称影子戏，是一种优美的传统民间戏曲艺术，中国被誉为"影戏的故乡"，起源于唐、五代，繁荣于宋、元、明、清，至今已有1000多年的历史。自形成以来，一直得到了上至王公贵族、文人士大夫，下至市民百姓的喜爱。中国影戏包括手影戏、纸影戏、皮影戏三大类，是一种集绘画、雕刻、音乐、歌唱、表演于一体的综合传统民俗艺术。

② 说话有四家：指的是小说、说经、讲史、合生四种曲艺表演形式。依本文可分为小说，说公案，说铁骑儿，说经、说参请，讲史书。

③ 搏刀赶棒：指朴刀、杆棒，古代兵器。

④ 发迹变泰：指人升了官，发了财，志得意满。

⑤ 士马金鼓：战争。

破①。合生②与起令随令③相似，各占一事。

【译】说话技艺有四种，其一是小说，称为"银字儿"，如烟粉、灵怪、传奇故事。其二是说公案，讲的都是乱世中的人物手提朴刀、杆棒去闯荡，而后升了官、发了财的故事。说铁骑儿，讲的是战争的故事。其三是说经，指演说佛教经典。说参请，指宾主参禅悟道等故事。其四是讲史书，指讲说前一个朝代书史文传、兴废争战的故事。小说的人最可怕，他们能将一朝一代的故事顷刻间就点破。合生与起令、随令比较相似，当场指物赋诗、即兴捏合故事。

商谜④，旧用鼓板吹《贺圣朝》，聚人猜诗谜、字谜、戾谜、社谜⑤，本是隐语⑥。有道谜（来客念隐语说谜，又名"打谜"）、正猜（来客索猜）、下套（商者以物类相似者

---

① 提破：说明，点破。

② 合生：也作"合笙"。宋代盛行的说唱伎艺。合生有源于唐代之说。宋高承《事物纪原》引《武平一传》所叙胡人唱合生云："即是合生之原，起自唐中宗时也，今人亦谓之唱题目。"宋代洪迈《夷坚支乙志·合生诗词》："江浙间路岐伶女，有慧黠知文墨能於席上指物题咏应命辄成者，谓之'合生'；其滑稽含玩讽者，谓之'乔合生'。"

③ 起令随令：为行酒令时，当场指物赋诗、即兴捏合故事。

④ 商谜：一种以猜谜语形式为特征的滑稽风趣的说唱艺术。商谜由商者、来客两人表演，商者出谜，来客猜谜，有问有答，反复斗智，类似相声中的猜谜。

⑤ 戾（lì）谜、社谜：均为灯谜。

⑥ 隐语：不把要说的意思明说出来，而借用别的话来表示。

讥之，又名"对智"）、贴套（贴智^①思索）、走智^②（改物类以困猜者）、横下（许旁人猜）、问因（商者喝问^③句头）、调爽（假作难猜，以定其智^④）。

【译】商谜，往日都是用鼓板吹《贺圣朝》，聚集人来猜诗谜、字谜、戾谜、社谜，本是隐语。其过程包括道谜（来客念隐语说谜，又称"打谜"）、正猜（来客索谜来猜）、下套（商者以物类相似者来讥笑来客猜得不对，又称"对智"）、贴套（来客绞尽脑汁思索）、走智（商者改物类来为难猜谜的人）、横下（允许其他人猜谜）、问因（商者大声地问谜底）、调爽（来客装作难猜的表情，来迷惑商者）。

社会

文士^⑤则有西湖诗社，此社非其他社集之比，乃行都士夫及寓居诗人。旧多出名士。隐语则有南北厚斋、西斋，皆

① 贴智：绞尽脑汁。

② 走智：花言巧语骗人。

③ 喝问：大声地问。

④ 以定其智：应为"以走其智"。

⑤ 文士：读书人，文人。

依江右①。谜法、习诗之流，萃②而为斋。又有蹴鞠③打球社、川弩射弓社。奉佛则有上天竺寺光明会，皆城内外富家助备香花灯烛，斋衬④施利，以备本寺一岁之用。又有茶汤会，此会每遇诸山寺院作斋会，则往彼以茶汤助缘，供应会中善人。城中太平兴国传法寺净业会，每月十七日则集男士，十八日则集女人，入寺讽经⑤听法。岁终则建药师会七昼夜。西湖每岁四月放生会，其余诸寺经会各有方所日分⑥。每岁行都神祠诞辰迎献，则有酒行。锦体社、八仙社、渔父习闲社、神鬼社、小女童像生叫声社、遏云社、奇巧饮食社、花果社；七宝考古社，皆中外奇珍异货；马社，豪贵⑦绯绿；清乐社，此社风流最胜。

【译】（杭州的结社集会）文士有西湖诗社，此社不是

① 江右：指长江以西地区，古人以西为右，故又称江右。因长江在自金陵以上至九江一段为南北走向，而以此段江为标准确定东西和左右，古有中原进入南方吴地的主要渡口，江之西地区称为"江西"。

② 萃：聚集。

③ 蹴（cù）鞠：又名蹋鞠、蹴球、蹴圆、筑球、踢圆等。蹴，有用脚蹴、蹋、踢的含义，鞠，最早系外包皮革、内实米糠的球。因而蹴鞠就是指古人以脚蹴、蹋、踢皮球的活动，类似今日的足球。据史料记载，早在战国时期中国民间就流行娱乐性的蹴鞠游戏，而从汉代开始又成为兵家练兵之法，宋代又出现了蹴鞠组织与蹴鞠艺人，清代开始流行冰上蹴鞠。因此，可以说蹴鞠是中国古代流传久远、影响较大的一朵体育奇葩。

④ 斋衬：施舍给佛寺的钱币。

⑤ 讽经：诵经。

⑥ 方所日分：指地点和日期。

⑦ 豪贵：地位极其贵显的人。

其他社集所能比的，其中多为杭州的士大夫和寓居诗人。过去出了很多名士。隐语则有南北厚斋、西斋，都按照江西的习俗，写谜语、作诗的人们聚集在这里创造。也有蹴鞠打球社、川弩射弓社。奉佛的则有上天竺寺光明会，都是城内外富家资助置备香花灯烛，施舍钱财，以供本寺一年之用。还有茶汤会，此会每在诸山寺院作斋会的时候，都以茶汤助缘，供应会中的善人。城中的太平兴国传法寺净业会，在每月十七日聚集男士，十八日就聚集女人，到寺里诵经听法。年终的时候设七昼夜的药师会。西湖在每年四月有放生会，其余各寺的经会各有各的地点和日期安排。每年杭州神祠诞辰都有酒行集会迎献。其他还有锦体社、八仙社、渔父习闲社、神鬼社、小女童像生叫声社、遏云社、奇巧饮食社、花果社等；七宝考古社，卖的都是中外奇珍异货；马社，都是穿着华丽、地位贵显的人；清乐社，这个社最为风流。

园苑

在城则有万松岭^①内贵^②王氏富览园、三茅观^③、东山、梅亭、庆寿庵、褚家塘、御东园（系琼华园）、清湖北慈明殿园、杨府秀芳园^④、张府北园、杨府风云庆会阁^⑤。

【译】杭州的园苑，在城内就有万松岭上的内贵王氏的富览园、三茅观、东山、梅亭、庆寿庵、褚家塘、御东园（琼华园）、清湖北慈明殿园、杨府秀芳园、张府北园、杨府风云庆会阁。

城东新开门外，则有东御园（今名富景园）、五柳御

---

① 万松岭：地名。西起湖岸，东抵江干，早先为杭州城墙所经，因而也是市区与山林的交界。万松岭古道的历史，比西湖上许多穿越山林的通道如慈云岭、大麦岭、栖霞岭等都要早，而与北山的九里云松遥相呼应。

② 内贵：指皇帝亲信内臣。

③ 三茅观：原名三茅堂，位于杭州吴山天风的南面，是符箓派道教的著名的圣地，祀三茅真君。南宋绍兴二十年（公元1150年），因东都旧名，赐额曰宁寿观，全称三茅宁寿观。

④ 杨府秀芳园：归属南宋名将杨存中，在杭州涌金门内。

⑤ 杨府风云庆会阁：杨存中在其居所建造，收藏皇帝御书，宋孝宗题名为"风云庆会之阁"。

园^①。城西清波^②、钱湖门^③外聚景御园（旧名西园）、张府七位曹园。

【译】城东新开门外，有东御园（今叫富景园）、五柳御园。城西清波门、钱湖门外有聚景御园（旧名叫西园）、张府七位曹园。

南山长桥则西有庆乐御园（旧名南园）。净慈寺前屏山御园。云峰塔前张府真珠园（内有高寒堂，极华丽）、白莲寺园、霍家园、方家峪刘园。北山则有集芳御园、四圣延祥御园（西湖胜地，唯此为最）、下竺寺御园。

【译】南山长桥则西有庆乐御园（旧名叫南园）。净慈寺前有屏山御园。云峰塔前有张府真珠园（园内有高寒堂，非常华丽）、白莲寺园、霍家园、方家峪刘园。北山有集芳御园、四圣延祥御园（西湖胜地，只有这里最美）、下竺寺御园。

钱塘门外则有柳巷、杨府云洞园西园、刘府玉壶园、四井亭园、杨府水阁。又具美园，又饮绿亭、裴府山涛园、赵

---

① 五柳御园：在今杭州五柳巷。

② 清波：清波门，杭州十大古城门之一。清波门在五代吴越时为水门，南宋绍兴二十八年增筑杭城，为门十三，清波门是西城门之一，门濒湖之东南，取"清波"之意名门，历代沿用。因流福暗沟引湖水入城，俗称暗门。

③ 钱湖门：杭州西城门的钱湖门。元末，临湖四城门中的钱湖门被废置，西城只存清波、涌金、钱塘三门。

秀王府水月园、张府凝碧园。

【译】钱塘门外有柳巷、杨府云洞园西园、刘府玉壶园、四井亭园、杨府水阁。也有具美园，还有饮绿亭、裴府山涛园、赵秀王府水月园、张府凝碧园。

孤山路口，内贵张氏总宜园、德生堂、放生亭、新建公竹阁①（袁枢②尹③天府④就寺重建）。沿苏堤新建先贤堂园（本裴氏园，袁枢新建），又有三贤堂园（本新亭子，袁枢于水仙王庙移像新建）、九里松嬉游园（大府酒库）。

【译】孤山路口有内贵张氏的总宜园、德生堂、放生亭、新建白公竹阁（为袁枢任太府丞时就寺重建）。沿苏堤新建的有先贤堂园（本为裴氏园，是袁枢新建），又有三贤堂园（本为新亭子，袁枢将水仙王庙的神像移到这里新建）、九里松嬉游园（是大府酒库）。

涌金门外则有显应观、西斋堂、张府泳泽园、慈明殿环碧园（旧是清晖御园）。大、小渔庄，其余贵府富室大、小

---

① 公竹阁：应为"白公竹阁"，在杭州西湖孤山寺内，为白居易在杭州时所建，故称。
② 袁枢：字机仲，建州建安（今福建建瓯）人。宋孝宗隆兴元年（公元1163年）进士。历任温州判官、兴化军教授、礼部试官、严州教授、太府丞、吏部员外郎、大理少卿、江陵知府等职。淳熙元年（公元1174年），袁枢在严州教授任内。编纂完成中国第一部纪事本末体史学巨著——《通鉴纪事本末》。此书一经脱稿，便刊行于世。
③ 尹：本义为官名。这里是担任官职的意思。
④ 天府：天子府库。袁枢曾任太府丞，故称。

园馆，犹有不知其名者。城南嘉会门外，则有玉津御园（虏使^①时射弓所）。

【译】涌金门外有显应观、西斋堂、张府泳泽园、慈明殿环碧园（旧时是清晖御园）。有大、小渔庄，其余贵府富室的大、小园馆，还有不知道名字的。城南嘉会门外，则有玉津御园（当年虏使射弓的地方）。

又有就包山作园，以植桃花，都人春时最为胜赏，唯内贵张侯壮观园为最。城北北关门外，则有赵郭家园。东西马城诸园，乃都城种植奇异花木处。

【译】又有依包山作园，来种植桃花，都城人春天时最希望到这里赏景游玩，唯独以内贵张侯的壮观园为最美。城北北关门外，有赵郭家园。东、西马城的很多园子，也是都城种植奇异花木的地方。

舟船

行都左江^②右湖^③，河运^④通流^⑤，舟船最便。而西湖舟船，

---

① 虏使：封建王朝对少数民族或敌寇所遣使者的蔑称。

② 江：钱塘江。

③ 湖：西湖。

④ 河运：历代王朝把所征粮食经由河道运至京师，称为"河运"。

⑤ 通流：货物流通。

大小不等，有一千料①，约长五十余丈，中可容百余客；五百料，约长三二十丈，可容三五十余客。皆奇巧打造，雕栏画栋，行运平稳，如坐平地。无论四时，常有游玩人赁假②。舟中所须器物，一一毕备。但朝出登舟而饮，暮则径归，不劳余力，唯支费③钱耳。其有贵府富室自造者，又特精致耳。

【译】杭州东面是钱塘江、西面是西湖，货物流通用舟船最为方便。而西湖的舟船，大小不等，有一千料的，长五十余丈，中间可容纳一百多名乘客；有五百料的，长二三十丈，可容纳三五十名乘客。都打造得很奇巧，雕栏画栋，行驶很平稳，使乘客感觉就像坐在平地一样。一年四季，常有人租赁船只游玩。而船内所需要的各式器物，都很齐备。游人早晨出发，登船而饮，傍晚则径直归家，不需劳累费力，只要花钱就可以。还有富贵人家自行建造的游船，也特别精致。

西湖春中，浙江秋中，皆有龙舟争标④，轻捷⑤可观，有

---

① 料：量词，古代造船计量单位，一料是十立方尺（宋或明尺），约 0.325 吨。

② 赁假（jiǎ）：租借。

③ 支费：花费。

④ 争标：争夺优胜。标，锦标。宋代孟元老《东京梦华录·驾幸临水殿观争标锡宴》："又见旗招之，则两行舟鸣鼓并进，捷者得标，则山呼拜舞。并虎头船之类，各三次争标而止。"

⑤ 轻捷：轻快敏捷。

金明池①之遗风②；而东浦河亦然。唯浙江自孟秋③至中秋间，则有弄潮④者。持旗执竿，狎戏⑤波涛中，甚为奇观，天下独此有之。

【译】春季的西湖，秋季的钱塘江，都有龙舟赛，龙舟轻快敏捷，值得一看，很有当年旧京师金明池争标的风气；而东浦河也是这样。在孟秋到中秋期间，钱塘江有弄潮的人。他们持执旗杆，在波涛中戏耍，景象很是奇特，这种风景是天下独有的。

铺席

都城天街⑥，旧自清河坊，南则呼"南瓦"，北谓之"界北"，中瓦前谓之"五花儿中心"。自五间楼北，至官巷南

---

① 金明池：北宋时期著名的皇家园林，位于东京汴梁城（今河南开封）外。园林中建筑全为水上建筑，池中可通大船，平时为水军演练场。张择端的《金明池争标图》即描绘了金明池中水军演练的场景。一些文人也创作了关于金明池的诗词。

② 遗风：指过去时代遗留下来的文化特点或某个时代留传下来的风气。

③ 孟秋：指秋季第一个月，农历七月。处于二十四节气中的立秋、处暑两个节气的时期之内。

④ 弄潮：在潮头搏浪嬉戏。

⑤ 狎（xiá）戏：戏耍；狎昵。唐代白行简《李娃传》："（生）日会倡优俦类，狎戏游宴。"清代蒲松龄《聊斋志异·嫦娥》："然以狎戏无节，数戒宗，宗不听；因而大小婢妇，竟相狎戏。"

⑥ 都城天街：杭州天街，在今天的杭州中山路。自南宋定都杭州，开十里天街连通皇宫，这条要道便成了商贾云集、店铺栉比的经济中心，文人骚客也时常往来于这里。

御街，两行多是上户①金银钞引②交易铺，仅百余家。门列金银及现钱，谓之看垜钱，此钱备人纳算请③钞引。并诸作匠炉鞴④，纷纭⑤无数。

【译】杭州的天街，过去源自清河坊，南面则称为"南瓦"，北面则称为"界北"，中瓦前称为"五花儿中心"。从五间楼向北，至官巷南的御街，两边有很多上等商户进行金银钞引交易的铺子，有百余家。铺前陈列金银和现钱，称为"看垜钱"，这些钱备着交易人缴纳现钱申请钞引。还有各类工匠的火炉和风箱，数量很多。

自融和坊北至市南坊，谓之"珠子市头"，如遇买卖，动以万数。间有府第富室⑥质库⑦十数处，皆不以贯万收质。其他如名家彩帛铺，堆上细匹缎，而锦绮⑧缣素⑨，皆诸处所

---

① 上户：上等商户。

② 钞引：宋代茶、盐、矾等物的生产运销由政府管制，政府发给特许商人支领和运销这类产品的证券，名茶引、盐引、矾引，统称"钞引"。

③ 算请：缴纳现钱申请钞引。

④ 炉鞴（bài）：火炉和风箱。

⑤ 纷纭：多而杂乱。

⑥ 富室：犹富家，富户。指钱财多的人家。

⑦ 质库：中国古代进行押物放款收息的商铺。亦称质舍、解库、解典铺、解典库等。唐宋以后，社会经济日益发展，质库亦随之发达。富商大贾、官府、军队、寺院、大地主纷纷经营这种以物品作抵押的放款业务，同时还从事信用放款。

⑧ 锦绮：华丽的丝织绸缎。

⑨ 缣（jiān）素：指细绢、书册或书画。

无者。又如厢王家绒线铺（自东京流寓①），今于御街开张。
数铺亦不下万计。

【译】从融和坊向北到市南坊，称为"珠子市头"，如
果遇到买卖，动辄数以万计。其间有十多处府第富户的质库，
其收入抵押的物品价值不下万贯。其他还有有名的彩帛铺，
堆上精细匹缎，而华丽的丝绸、细绢等，都是其他地方所没
有的。又如厢王家绒线铺（是自东京汴梁流落到杭州的），
如今也在御街开张。各类商铺不下万计。

又有大小铺席，皆是广大物货，如平津桥沿河，布铺、
扇铺、温州漆器铺、青白碗器铺之类。且夫②外郡各以一物
称最（如无纱洪扇③、吴钱之类），都会之下皆物所聚之处，
况夫人物繁伙④，客贩往来，至于故楮⑤、羽毛扇牌，皆有行
铺，其余可知矣。

【译】还有大小的铺席，售卖的都是来自各地的各种各
样的商品，如平津桥沿河，布铺、扇铺、温州漆器铺、青白

① 流寓：指流落他乡居住。

② 且夫：连词。表示下文是更进一步的议论。

③ 洪扇：洪湖羽毛扇，是一种中国传统手工艺品。这种羽毛扇选用各种鸟禽之翅、
尾毛，按羽毛的自然生长规律、色泽纹理制成扇面。然后配竹漆、牛骨、塑胎、象
牙等材料作为扇骨。扇尾还吊一根丝线结坠作装饰羽毛扇，民间又称孔明扇。洪湖
羽毛扇是湖北省洪湖的特产。

④ 繁伙：繁多。

⑤ 故楮：似指旧纸。

碗器铺等。其他郡都会有一款最好的商品（如无纱洪扇、吴钱之类），而都会之下，是各种商品所聚的地方，且人、商品都很多，客贩往来，以致故楮、羽毛扇牌，都有商店，其他商店可以推想而知。

坊院

柳永①咏钱塘②词云"参差十万人家③"，此元丰④以前语也。今中兴行都已百余年，其户口蕃息⑤，仅百万余家者。

【译】柳永词《望海潮》咏杭州云："参差十万人家"，这是元丰以前的评价。如今中兴时期的杭州已过百余年，人口繁衍已有百万余户人家了。

城之南西北三处，各数十里，人烟生聚⑥，市井坊陌⑦，

---

① 柳永：原名三变，字景庄（约公元984—约1053年），后改名柳永，字耆卿，因排行第七，又称柳七，福建崇安人。柳永出身官宦世家，少时学习诗词，有功名用世之志。北宋著名词人，婉约派代表人物。

② 钱塘：杭州。

③ 参差十万人家：形容整个都市户口的繁庶。参差，为大约之意。

④ 元丰：宋神宗年号，公元1078—1085年。

⑤ 蕃（fán）息：滋生；繁衍。

⑥ 生聚：繁殖人口，聚积物力。

⑦ 坊陌：泛指街巷。

数日经行^①不尽，各可比外路^②一小小州郡，足见行都繁盛。而城中北关水门内，有水数十里，曰"白洋湖"，其富家于水次^③起迭塌坊^④十数所，每所为屋千余间，小者亦数百间，以寄藏都城店铺及客旅物货。四维^⑤皆水，亦可防避风烛，又免盗贼，甚为都城富室之便。其他州郡无此，虽荆南^⑥沙市、太平州^⑦黄池^⑧，皆客商所聚，亦无此等坊院。

【译】城的南面西北三处，各有数十里，人烟生聚，市井街巷，数日经行都看不到头，每个都相当于外地的一个小州郡，足见杭州的繁盛。而城中北关的水门内，有数十里的水域，称为"白洋湖"。富户人家在水边建起十余所重叠的塌房，每所都有千余间房屋，小的也有数百间，用来寄存储藏杭州店铺和客旅的物品及货物。这里四面环水，既能防避风烛引起火灾，又能防止盗贼窃取，为杭州的富户创造了便利。其他州郡就没有这样的塌房，即使是荆南的沙市、太平州的

---

① 经行：佛教徒因养身散除郁闷，旋回往返于一定之地叫经行。

② 外路：外地，异地。

③ 水次：水边。

④ 塌坊：塌房，宋以后寄存商旅货物的场所，寄存者须向主人支付寄存和保管费用。

⑤ 四维：四周围。

⑥ 荆南：又称南平、北楚，是高季兴所建立的政权，为五代十国时期的十国之一。南平都城为荆州，辖荆、归（今湖北秭归）、峡（今湖北宜昌）三州。

⑦ 太平州：五代南唐保大末年置新和州，寻改雄远军，宋改曰平南军，升为太平州。州治今安徽当涂县，辖区大致相当于今安徽马鞍山市及芜湖市。

⑧ 黄池：今安徽当涂黄池镇。

黄池，都是客商所聚集的地方，也没有像塌房一样的坊院。

闲人

　　本食客也。古之孟尝^①门下中下^②等人，但不着业次^③，以闲事而食于人者。有一等是无成子弟失业次，人颇能知书、写字、抚琴、下棋及善音乐，艺俱不精，专陪涉^④富贵家子弟游宴，及相伴外方^⑤官员到都干事。其猥下者，为妓家^⑥书写简帖^⑦取送之类。

　　【译】闲人本为食客。古代孟尝君门下有上、中、下三等人，不务生计，只以闲事寄食于他人。有一种是一事无成、失去生计的原世家子弟，人能知书、写字、抚琴、下棋及善于音乐，但各种技艺都不精湛，专门陪同富贵家子弟吃喝玩乐，以及陪伴外地官员到京城公干。那些鄙下的，则为妓院书写、

----

① 孟尝：战国时期齐国孟尝君，名田文（？—公元前279年），战国时期四公子之一，齐国宗室大臣。其父靖郭君田婴是齐威王的儿子、齐宣王的异母弟弟，曾于齐威王时担任要职，于齐宣王时担任宰相，封于薛（今山东滕州东南），号靖郭君，权倾一时。

② 下中下：疑当作"上中下"。

③ 业次：指生业，也指次序。

④ 陪涉：陪同。

⑤ 外方：外地。

⑥ 妓家：妓院。

⑦ 简帖：书信。

取送书信。

又有专以参随^①服事为生，旧有百事皆能者，如纽元子^②，学像生^③、动乐器、杂手艺、唱叫白词、相席打令^④、传言送语、弄水^⑤使拳之类，并是本色^⑥。

【译】也有专以随从服侍为生，旧有百事都能干的人，如表演杂扮、学像生、演奏乐器、杂手艺、唱叫白词、相席打令、传言送语、弄水使拳之类，都是本行。

又有专为棚头^⑦，又谓之"习闲"。凡擎鹰、驾鹞^⑧、调鹁鸽^⑨、养鹌鹑、斗鸡、赌博、落生之类。

【译】也有专门做棚头的人，又称为"习闲"。举鹰、驾鹞、调鸽子、养鹌鹑、斗鸡、赌博、落生等这等人都擅长。

---

① 参随：跟随，随从。

② 纽元子：杂扮。见前注。

③ 学像生：宋元时期杂艺的一种，以模仿各种声音与动作愉悦观众。

④ 相席打令：意思与看楼打楼相近。本谓主人视席上宾客多少、贵贱而行令，引申为随机应变。

⑤ 弄水：在水上作竞技表演或游泳。

⑥ 本色：本来面貌；原有的性质或品质。

⑦ 棚头：称呼专门从事斗鸡、逐兔、赌博等并以此为业的人。

⑧ 鹞：一种凶猛的鸟，样子像鹰，比鹰小，捕食小鸟，通常称"鹞鹰""鹞子"。有时亦把类似鹞的鸢称作鹞鹰。

⑨ 鹁（bó）鸽：鸽子。

又有是①刀镊②手作人，长于此态，故谓之"涉儿③"，取过水之意也。此等刀镊专攻街市宅院，取奉④郎君子弟、干当杂事、说合交易等。

【译】也有一种刀镊手艺人，擅长这类手艺，故称为"涉儿"，取过河的意思。这些人专攻街市宅院，趋奉官家子弟，干各种杂事，偷作手脚且从中渔利等。

又有赶趁唱喏⑤者，探听妓馆人客，及游湖赏玩所在，专以献香送欢为由，觅钱赡家⑥。大抵此辈，若顾之则贪婪；不顾之，则强颜取奉，多呈⑦本事，必得而后已。但在出著发放如何也。

【译】还有赶趁唱喏的人，探听妓馆人流，以及游湖赏玩的人所在的地方，专门以献香送欢为由，讨要钱财以养家。大抵这类人，如果关照他们，他们就贪婪无度；如果不关照他们，他们就强颜趋奉，多多表演自己的本事，

---

① 是：应为衍文。

② 刀镊：本义刀与镊子，除毛发的工具。亦借指理发整容。

③ 涉儿：宋代的一种手艺人，他们专门为官家子弟办杂事。这些手艺人常利用为官家办事之便，偷做手脚，从中渔利。因"涉"字含有过河的意思，涉儿为官家子弟办杂事也有此义。

④ 取奉：趋奉，迎合奉承。

⑤ 唱喏：显贵出行时，从者喝令行人让路叫唱喏。

⑥ 赡家：养家。

⑦ 呈：这里是表演的意思。

一定要得到满意的赏钱才肯罢休。这就要看游玩人如何拿出钱财打发了。

三教外地

都城内外，自有文武两学①，宗学②、京学③、县学④之外，其余乡校、家塾、舍馆、书会⑤，每一里巷须一二所。弦诵⑥之声，往往相闻。遇大比⑦之岁，间有登第⑧、补中、舍选⑨者。

【译】杭州内外，有文武两学，除宗学、京学、县学之外，其余乡校、家塾、舍馆、书会，每一里巷必须有一两所。

---

① 文武两学：太学和武学。太学，古代国立大学。武学，古代军事学校，北宋庆历年间由王安石提议设立。

② 宗学：皇室子弟的学校。《宋史·选举志三》："（绍兴）十四年，始建宗学于临安，生员额百人：大学生五十人，小学生四十人，职事各五人。置诸王宫大、小学教授一员。在学者皆南宫、北宅子孙。"

③ 京学：这里指府学，古代府级官办教育机构。

④ 县学：古代县级官办教育机构。

⑤ 书会：宋、元间说话人、戏曲作者与艺人的行会组织。多设立于杭州、大都（今北京）等大城市，如古杭书会等。参加书会的作者称为才人。

⑥ 弦诵：弦歌和诵读，指学校教学。

⑦ 大比：隋唐以后泛指科举考试。明清两代每隔三年举行一次乡试，称大比，考中的叫举人。

⑧ 登第：登科，特指考取进士。

⑨ 舍选：科举之外的另一条入仕之途。宋代分太学为外舍、内舍、上舍，舍选为宋代太学三舍之一。初学者入外舍，由外舍升内舍，由内舍升上舍。最后按科举考试法，分别规定其出身并授以官职。

诵读的声音，往往彼此能听到。遇上科举考试的年头，偶尔会有登第、补中、舍选的人。

　　凡佛寺，自诸大禅刹^①，如灵隐^②、光孝等寺；律寺^③如明庆^④、灵芝等寺；教院^⑤如大传法、慧林、慧因等，各不下百数所。之外又有僧尼廨院^⑥、庵舍、白衣社会、道场^⑦奉佛处所，不可胜纪^⑧。若大寺院有所营修，则于此地招集前去助缘，其间有精修能事者。

　　【译】佛寺，有各大禅寺，如灵隐、光孝等寺；律寺有明庆、灵芝等寺；教院有大传法、慧林、慧因等，各有不下

---

① 禅刹：禅寺，佛寺。

② 灵隐：灵隐寺，中国佛教古寺，又名云林寺，位于浙江省杭州市，背靠北高峰，面朝飞来峰，始建于东晋咸和元年（公元 326 年）。灵隐寺开山祖师为西印度僧人慧理和尚。南朝梁武帝赐田并扩建。五代吴越王钱镠命请永明延寿大师重兴开拓，并赐名灵隐新寺。宋宁宗嘉定年间，灵隐寺被誉为江南禅宗"五山"之一。清顺治年间，禅宗巨匠具德和尚住持灵隐，筹资重建，仅建殿堂时间就前后历十八年之久，其规模之宏伟跃居"东南之冠"。清康熙二十八年（公元 1689 年），康熙帝南巡时，赐名"云林禅寺"。

③ 律寺：律宗寺院，着重研习和传持戒律。

④ 明庆：明庆寺，位于浙江乐清石帆镇大界村，坐北朝南，唐天授三年、宋祥符五年皇帝赐匾额的古刹"明庆寺"，王十朋曾在此开辟书馆。古寺村落人文荟萃，文化积淀深厚，古物古迹甚多。

⑤ 教院：又称"教寺"，从事世俗教化的寺院。

⑥ 廨（xiè）院：佛门中主管寺院的会计、接待等事务的称"廨院主"。廨院，行办此等事务的处所。亦代指寺院。

⑦ 道场：泛指修行学道的处所。也泛指佛教、道教中规模较大的诵经礼拜仪式。

⑧ 不可胜纪：不能逐一记述；极言其多。

百数所。之外还有僧尼廨院、庵舍、白衣社会、道场等奉佛的处所，不能逐一记述。如果大寺院遇有修缮事宜，就在这里招集前来助缘的人，其中有些善于修缮的人。

凡道流^①，自御前香火太乙宫^②、延祥观等。及诸宫观、道馆之外，则有诸府第道堂（如灵应^③、希夷^④之类），道院皆系舍俗^⑤道人，及接待外路名山洞府往来高士，而时有神仙应缘^⑥现迹，异人^⑦自有纪载尔。

【译】道教的场所，有御前香火太乙宫、延祥观等。除各种宫观、道馆之外，还有建在各府第内的道堂（即灵验、虚寂玄妙这一类）。道院里都是舍弃旧俗的道人，也接待外地名山洞府来的高士。而也会有神仙大概是现出踪迹，别人自会有记载。

① 道流：指道家、道教等。

② 太乙宫：位于终南山下，传说太乙真人在此修炼过，所以得此名。南宋杭州有东、西太乙宫。东太乙宫为御前宫观。

③ 灵应：灵验。

④ 希夷：指虚寂玄妙。原指道的本体无声无色。

⑤ 舍俗：舍弃旧俗。

⑥ 应缘：犹言大概是。

⑦ 异人：他人；别人。

叙录

御制题南宋都城纪胜录（有序）

宋自南渡^①之后，半壁仅支^②，而君若臣，溺于宴安^③，不以恢复为念，西湖歌舞，日夕留连，岂知剩水残山^④，已无足恃^⑤，顾有若将终焉之志，其去燕巢危幕^⑥几何矣。而耐得翁为此编，惟盛称临安之明秀^⑦，谓"民物康阜，过京师十倍"；又谓："中兴百年余，太平日久，视前又过十数倍。"其味于安危盛衰之机，亦甚矣哉^⑧。然彼或窥见庙堂^⑨之上不能振作，为此以逢其所欲，抑亦知其书流传必贻笑于后世，故隐其姓名，而托"子虚""乌有"之伦乎？不然，则既操

---

① 南渡：发生在两宋交替时期康王赵构为了躲避北边金朝军队的南下追击而逃至江南的历史事件。

② 半壁仅支：仅剩下半壁江山支撑了。

③ 宴安：安逸享受。

④ 剩水残山：残破的山河。多形容亡国后的或经过变乱后的土地景物。

⑤ 足恃：可以依赖。

⑥ 燕巢危幕：燕子把窝做在帷幕上，比喻处境非常危险。出自《左传·襄公二十九年》。

⑦ 明秀：明净秀美。

⑧ 矣哉：语气词连用。矣表示已然或将然，哉表示感叹或反问，可译为"啦"或"了吗"。

⑨ 庙堂：指朝廷。

子墨口未读孟坚①《两都赋》，托讽谏②以立言而为是违道③
铺张也。览④是编，其时事可知，因题句并序如下：

一线南迁⑤已甚危，徽钦⑥北去竟忘之。

正当尝胆卧薪日，却作观山玩水时。

后市前朝夸富庶，歌楼酒馆斗笙丝。

咄哉⑦耐得翁传录，可似兰台两赋奇？

四库全书总目提要

《都城纪胜》一卷（内府藏本），不著撰人名氏，但自
署曰耐得翁。其书成于端平二年，皆纪杭州琐事⑧。分十四门，
曰《市井》、曰《诸行》、曰《酒肆》、曰《食店》、曰《茶坊》、
曰《四司六局》、曰《瓦舍众伎》、曰《社会》、曰《园苑》、
曰《舟船》、曰《铺席》、曰《坊苑》、曰《闲人》、曰《三

---

① 孟坚：班固（公元 32—92 年），字孟坚，扶风安陵（今陕西咸阳东北）人，东
汉著名史学家、文学家。班固出身儒学世家，其父班彪、伯父班嗣，皆为当时著名
学者。在父祖的熏陶下，班固九岁即能属文，诵诗赋，十六岁入太学，博览群书，
于儒家经典及历史无不精通。

② 讽谏：指下对上，不直指其事，而用委婉曲折的言语规劝，使其改正错误。

③ 违道：违背正义。

④ 览：阅读。

⑤ 南迁：迁都南方。

⑥ 徽钦：北宋徽宗、钦宗二帝的并称。二帝于靖康二年为金人所俘，后死于金国。

⑦ 咄（duō）哉：去吧，走吧。有呵斥之意。

⑧ 琐事：繁杂零碎的事。

教外地》。叙述颇详，可以见南渡以后土俗民风之大略^①。考高宗驻跸临安，谓之"行在^②"。虽湖山宴乐，已无志于中原，而其名未改。故乾道中周淙^③修^④《临安志》，于宫苑及百官曹署^⑤，尚著旧称。潜说友^⑥《志》亦因之。此书直题曰"都城"，盖官司案牍^⑦流传，仅存故事，民间则耳目濡染^⑧，久若定居矣。又史载端平元年孟珙^⑨会元师灭金^⑩，是时旧敌已去，新衅未形，相与^⑪燕雀处堂，无复^⑫远虑。是书作于端平

---

① 大略：大概；大要。

② 行在：专指天子巡行所到之地。

③ 周淙：字彦广（？—公元 1175 年），湖州长兴（今属浙江）人。幼年聪敏好学。宋绍兴二十五年（公元 1155 年）为建康府（今南京）通判。

④ 修：编纂，撰写。

⑤ 曹署：犹官署。

⑥ 潜说友：字君高（公元 1216—1288 年），号赤璧子，缙云人。公元 1241 年（南宋淳祐元年）进士，官至代理户部尚书，封缙云县开国男。任临安（今浙江杭州）知府期间，重视疏浚西湖，修葺名胜，整修道路。主修《咸淳临安志》。后迁任平江（今江苏苏州）知府。

⑦ 案牍（dú）：官府文书。

⑧ 耳目濡染：耳濡目染，意思是耳朵经常听到，眼睛经常看到，不知不觉地受到影响。出自唐代韩愈《清河郡公房公墓碣铭》。

⑨ 孟珙：字璞玉（公元 1195—1246 年），号无庵居士。随州枣阳（今湖北枣阳）人，原籍绛州（今山西新绛）。南宋中后期军事家，民族英雄，左武卫将军孟宗政第四子。

⑩ 会元师灭金：指联合蒙古灭亡金国。

⑪ 相与：相处；相交往；结交。

⑫ 无复：指不再有，没有。

二年，正文武恬嬉，苟且宴安之日，故竞趋靡丽^①，以至于斯^②。作是书者既欲以富盛相夸，又自知苟安^③可愧^④，故讳而自匿，不著其名。伏读^⑤御题，仰见圣鉴^⑥精深，洞其微暧。起作者而问之，当亦无所置词^⑦。以其中旧迹遗闻^⑧，尚足以资考核，而宴安鸩毒^⑨，亦足以垂戒^⑩千秋。故纠正其失，以示炯鉴^⑪，而书则仍录存之焉。

【译】（略）

---

① 靡丽：奢华，奢靡。汉代司马相如《上林赋》："时休息於此，恐后叶靡丽，遂往而不返。"

② 于斯：于此。

③ 苟安：苟且偷安。只顾眼前的安乐，不作长久之计一日之苟安，数百年之大患也。

④ 可愧：令人惭愧。

⑤ 伏读：恭敬地阅读，伏，为表敬之词。

⑥ 圣鉴：指帝王或临朝太后的鉴察。

⑦ 置词：同"置辞"，措辞。

⑧ 旧迹遗闻：往日的奇闻怪事。

⑨ 宴安鸩毒：比喻耽于逸乐而杀身。《左传·闵公元年》："宴安鸩毒，不可怀也。"

⑩ 垂戒：亦作"垂诫"，垂示警戒；留给后人的训诫。

⑪ 炯鉴：明显的鉴戒。

西湖老人繁胜录

〔宋〕西湖老人 撰

夏金龙 注释/译文
辛 鑫

岁节四更，诸厅人从各往本厅，请官纠①内前待班阁子②内坐；待大内门开，文武百官入至殿阶列班。法物③、仪仗④罗列。禁卫待班齐邀圣驾登宝殿。大臣并金国奉使，奏贺玉殿金阶（时有南番诸国贡宝进象到京）。朝退，驾兴（按"兴"原误"与"），百官出内贺宰报⑤。每日常朝⑥，诸百官僚亦是四更至和宁门等候，门开入内，至垂拱殿下，待班齐朝班⑦，或有奏事者了毕⑧，各退往各衙门治事。

　　【译】年节的四更时分，诸厅的随从人员各自前往本厅，请上朝官员集中在皇宫前的待班阁子里就座；到皇宫大门打开时，文武百官到宫殿的台阶前按官品分班排列，法物、仪仗均已排列好。等候朝会的禁卫军士齐邀皇上登临宝殿。大臣和金国的使节，在玉殿的金阶下奏贺（当时有南番诸国使

———————————

① 纠：集合。

② 待班阁子：等候上朝的官员暂歇之处。

③ 法物：古代帝王用于仪仗、祭祀的器物。

④ 仪仗：指护卫所持的旗帜、伞、扇、武器等。

⑤ 百官出内贺宰报：其义不详。据《梦粱录》记载：南宋元旦朝会的时候，待群臣祝寿完毕，枢密大臣登殿宣制。朝贺完毕，皇帝在大殿上赐宴。

⑥ 常朝：每天固定的朝会，一般由宰臣主持，皇帝未必参加。宋代庞元英《文昌杂录》："两省官文武百官，日赴文德殿，东西相向对立，宰臣一员押班，闻传不坐，则再拜而退，谓之常朝。"

⑦ 朝班：朝位班序，是指帝王主持朝议时各级官吏所应处的位置先后左右之班次，朝位和官秩品级是一致的。朝位的班序由品级秩次的高低决定。西汉叔孙通定朝仪确立朝班，奠定了两千年封建官吏的朝位制度。

⑧ 了毕：完结，了结。

节进贡珍宝和大象到京城）。朝会结束后，圣驾起身离开，百官□□□□。每天固定的朝会，文武百官也是在四更天到和宁门等候，宫门打开后就进去，到垂拱殿下，按朝位的班序排列整齐，如有奏事的官员都上奏了结后，官员们就各自退往自己的衙门去处理政务了。

街市点灯

庆元①间，油钱每斤不过一百会②，巷陌③爪札④，欢门⑤挂灯，南至龙山，北至北新桥，四十里灯光不绝。城内外有百万人家，前街后巷，僻巷亦然。挂灯或用玉栅⑥，或用罗帛、或纸灯、或装故事，你我相赛。州府札山栅（按：《梦粱录》"山栅"作"山棚⑦"）、三狱⑧放灯，公厅⑨设醮⑩，亲王府第、中贵宅院奇巧异样细灯，教人睹看。

① 庆元：南宋宁宗年号，公元1195—1201年。

② 会：会子，南宋发行的一种纸币。

③ 巷陌：街巷的通称。

④ 爪札：捆绑，缠绑。

⑤ 欢门：两宋时期酒肆、食肆常用的店面装饰，流行于北宋东京和南宋的临安。

⑥ 玉栅：雕栏的美称。也指精美的鸟笼。

⑦ 山棚：庆祝节日而搭建的彩棚。

⑧ 三狱：大理寺（廷尉）、都官（刑部）、御史台的合称。

⑨ 公厅：官衙。

⑩ 醮：指僧道设坛祭神。

【译】庆元年间，油钱每斤不超过一百会子。街巷缠绑着彩饰，欢门上悬挂着彩灯，南至龙山，北至北新桥，四十里灯光连绵不断。城内外有百万余人家，前街后巷，连偏僻的小巷也是这样。所挂之灯有的用雕栏、有的用罗帛、有的用纸灯、有的还在灯上画着故事，彼此间攀比竞赛。州府的节日彩棚里、三狱都挂着灯，官衙里也设坛祭神，亲王的府邸、富人的宅院里各种奇巧异样的精致彩灯，使人驻足观看。

国忌日^①，分^②有无乐^③社会^④（初八日、十二日、十三日）。恃田乐、乔^⑤谢神、乔做亲（"做"原误"傲"。做亲即结亲，杭俗至今沿之）、乔迎酒、乔教学、乔捉蛇、乔焦馄^⑥、乔卖药、乔像生^⑦、乔教象^⑧、习待诏^⑨、青果社、乔宅眷、穿心国^⑩进奉、波斯国^⑪进奉。

---

① 国忌日：旧指帝、后的忌日。

② 分：规定，惯例。

③ 无乐：不演奏音乐。

④ 社会：这里指表演技艺的舞队、戏班。

⑤ 乔：乔装，假扮。

⑥ 焦馄：古代一种蒸饼，一般认为是今天的馒头或包子。

⑦ 像生：仿天然产物制造的工艺品。

⑧ 教象：谓把教育的法则形诸文字，成为条文。

⑨ 待诏： 宋元时对手艺工匠尊称为待诏。

⑩ 穿心国：似即指山海经上提到的一个古国贯胸国。

⑪ 波斯国：伊朗的旧称。

【译】国忌日的这天，按惯例会有不演奏音乐的戏班子（国忌日在初八、十二日、十三日）。演出有：恃田乐、扮成谢神、乔装假扮结亲（做亲即结亲，杭州风俗至今沿袭）、扮成迎酒、扮成教学、扮成捉蛇、扮成焦馄、扮成卖药、扮成自然界中各种景物、扮成教象、习待诏、青果社、乔装饰演宅眷、乔装饰演穿心国进奉、乔装饰演波斯国进奉。

禁中①大宴，亲王试灯②，庆赏③元宵"，每须有数火，或有千余人者。全场傀儡、阴山七骑、小儿竹马④、蛮牌⑤狮豹、胡女番婆⑥、踏跷⑦竹马⑧、交衮鲍老⑨、快活三

① 禁中：也称禁内。封建帝王所居的宫苑。因不许人随便进出，故称。

② 试灯：旧俗农历正月十五元宵节晚上张灯，以祈丰稔，未到元宵节而张灯预赏谓之试灯。

③ 庆赏：指节日的欢庆玩赏。

④ 竹马：一种儿童玩具，典型的式样是一根杆子，一端有马头模型，有时另一端装轮子，孩子跨立上面，假作骑马。由于竹马是儿童时期所玩器具，也有成年后回忆儿童时代生活而以竹马为题材而进行文学创作的。

⑤ 蛮牌：用南方产的粗藤做的盾牌。

⑥ 胡女番婆：指外国女性。

⑦ 踏跷：踩高跷。表演者装扮成戏剧或传说中人物，踩在有踏脚装置的木棍上，边走边表演。

⑧ 竹马：跑竹马。一种自娱自乐型的传统民间舞蹈形式，相传始于宋代，内容取材于女真族（金兀术）跨马游春的故事，已有一千年的历史。并于2006年成功申报国家级非物质文化遗产。

⑨ 鲍老：古代戏剧中的角色，多戴面具，用其滑稽表演逗人取乐。

郎^①、神鬼听刀。

【译】皇宫中大宴时，亲王试灯，元宵节欢庆玩赏，都需要很多的灯，供千余人观赏。全场都表演傀儡、阴山七骑、小儿竹马、蛮牌狮豹、胡女番婆、踏跷竹马、交衮鲍老、快活三郎、神鬼听刀等节目。

清乐社（有数社，每不下百人）：鞑靼舞老番人、耍和尚。

斗鼓社：大敦儿、瞎判官、神杖儿、扑蝴蝶、耍师姨、池仙子、女杵歌、旱龙船。

福建鲍老一社，有三百余人；川鲍老亦有一百余人

【译】清乐社（有很多社，每个社不低于百人）：节目有鞑靼舞老番人、耍和尚。

斗鼓社：节目有大敦儿、瞎判官、神杖儿、扑蝴蝶、耍师姨、池仙子、女杵歌、旱龙船。

福建鲍老社，有三百多人；川鲍老社也有一百多人。

车驾诣景灵宫朝拜祖宗，外百司迎驾：中书省、尚书省、门下省、后省^②、枢密院、秘书省、御史台、谏院^③、吏部、

---

① 快活三郎：指唐玄宗。宋代罗大经《鹤林玉露》卷六："魏鹤山《天宝遗事》诗云：'红锦绷盛河北贼，紫金盏酌寿王妃，弄成晚岁郎当曲，正是三郎快活时。'"俗所谓快活三郎者，即明皇也。

② 后省：中书门下后省，官署名。宋神宗元丰八年（公元1085年），改中书门下外省置。

③ 谏院：宋代设立的舆论机关，负责在朝廷中搜集建议和评论。

礼部、户部、兵部、刑部、工部、太常寺、太府寺、司农寺、大理司①、宗正寺②、将作监③、军器监、国子监、榷货务④、杂买场⑤、惠民局⑥、料量院、审计司、敕令所⑦、玉牒所⑧、安乐所、转运司、临安府。

【译】皇上车驾前往景灵宫朝祭拜祖宗，外有一百多名官员来迎驾，有：中书省、尚书省、门下省、后省、枢密院、秘书省、御史台、谏院、吏部、礼部、户部、兵部、刑部、工部、太常寺、太府寺、司农寺、大理寺、宗正寺、将作监、军器监、国子监、榷货务、杂买场、惠民局、料量院、审计司、敕令所、玉牒所、安乐所、转运司、临安府等。

---

① 大理司：大理寺，官署名。掌刑狱案件审理，长官名为大理寺卿，位九卿之列。

② 宗正寺：官署名。北齐设立宗正寺，宗正改称宗正寺卿或宗正卿，副官称宗正少卿，掌管皇族事务。管理皇族、宗族、外戚的谱牒、守护皇族陵庙。

③ 将作监：官署名。掌管宫室建筑、金玉珠翠、犀象宝贝和精美器皿的制作与纱罗缎匹的刺绣及各种异样器用打造的官署。

④ 榷货务：官署名，属太府寺。掌管食粮、金帛等贸易。监官二人，以朝官、诸司使、副使及内侍充任。南宋又于榷货物置都茶场给卖花引。

⑤ 杂买场：官署名，属太府寺。掌管处理剩余物资的官署。

⑥ 惠民局：属于医事组织。宋代官方设立的专门经营药品的机构名称。

⑦ 敕令所：官署名。枢密院编修敕令所的省称，宋置此官署，掌管起草皇帝命令。

⑧ 玉牒（dié）所：官署名。唐大和二年（公元 828 年）前置修玉牒官。宋至道初，置玉牒殿诏编皇属籍未成，咸平年间续编，于咸平三年（公元 1000 年）完成。后以《皇宋玉牒》为名。

激赏^①诸酒库并三学^②学官，前廊诸僧及在城寺观僧道、两县^③耆老^④，各立起居^⑤幕次，香案、花瓶、麻炉、香烛，迎圣驾起居。驾头^⑥到，两边各有阁门^⑦一员坐马上，前有班直^⑧喝班到，起居拜。再拜毕，唱喏^⑨平身立阁门^⑩，方行马^⑪。

【译】激赏库、诸酒库及三学的学官，前廊的众僧人及在城佛寺、道观的僧人和道士，以及两县的耆老，各自搭起用于行礼的临时帐篷，设立香案、花瓶、麻炉、香烛，迎送圣驾起居。驾头到，两边各有阁门的一人坐在马上，前有皇帝随身的卫兵高喊皇上驾到，众人行礼参拜。再拜之后，唱喏平身，站立在宫殿的侧门，才设好障碍物。

---

① 激赏：激赏库，官署名。置于绍兴年间，专供边防将士军需物资之用，后兼管供应朝廷和官吏所需用的物资。本隶御营司，建炎四年御营司废，改隶枢密院。

② 三学：宋代称太学之外舍、内舍、上舍为三舍，亦称三学。

③ 两县：指钱塘县和仁和县。

④ 耆老：六十曰耆，七十曰老，指六七十岁的老人。

⑤ 起居：此指起立与蹲下。似指行礼。

⑥ 驾头：宋代帝王出行时仪仗之一。

⑦ 阁（gé）门：宋代负责官员朝参、宴饮、礼仪等事宜的机关。

⑧ 班直：宋朝皇帝随身的卫兵。班直一般由"武艺绝伦"者充当。除做皇帝近卫外，有时还参加征战，有的还兼仪仗队，如钩容直实为乐队。

⑨ 唱喏：古代的一种交际礼俗。指男子作揖，并口道颂词。宋代已流行。用于下属对上级、晚辈对长辈，即给人作揖同时扬声致敬。原为应答之声，东晋时王氏子弟用以为礼，当时人颇以为异。后乃遍用之。

⑩ 阁门：这里指古代宫殿的侧门。

⑪ 行马：古时官府门前所设阻挡通行的木制障碍物。

次日，驾过太一宫①，拈香②毕方回。沿路前后奏乐。驾头用朱红圆杌子③一只，以绣袱盖，阁门捧于马上，二边各有从人扶策④。内诸司官吏引驾，早夜红纱栀子灯二百碗⑤照过。

【译】第二天，皇上经过太一宫，拈香完毕后返回。沿路前后奏乐。驾头用一只朱红的、圆的小矮凳，用绣袱盖上，阁门的人在马上捧着，两边各有随从人员搀扶着。内诸司的官吏来引驾，早晚用两百盏红纱栀子灯照着通过。

知阁门事、阁门舍人、阁门宣赞、阁门簿书、阁门看班、阁门祗候。修内司、八作司、仪鸾司、翰林司、皇城司、军头司、内东门司、禁卫所、御服所、丝鞋所、军器所、符宝所、日历所⑥、讲筵所、造作所、文思院、御马院、车辂院、官诰院、

---

① 太一宫：祭祀太一神的宫殿。

② 拈香：祭祀礼节。流程为先于主奠位置行一鞠躬礼，再向前至祭坛前拈香三次。拈香时，以右手之大拇指、食指、中指拈起一小撮香粉，提至眉中，向逝者行注目礼，再将香粉放回置香器皿（拈香之次数有一次或三次者，依当地习俗或司仪之指示而定）。之后退至主奠位行鞠躬礼，再由襄仪引导左右家属答礼，答礼完毕之后，要立即向两边自动离开。

③ 杌子：小矮凳。

④ 扶策：搀扶，簇拥。

⑤ 碗：宋朝以来灯笼一盏叫一碗。

⑥ 日历所：宋官署名。以宰相、执政官时政记与起居郎、起居舍人起居注所记朝廷政事，按日月编次，修撰成书。

登闻检院、进奏院、骐骥院^①、御辇院、御酒库、左藏库、内藏库、南廊库、封椿库^②、阁子库、祗候库^③、内军器库、御机房、画院、天章阁、太医局、国信所^④。

【译】阁门的官员有知阁门事、阁门舍人、阁门宣赞、阁门簿书、阁门看班、阁门祗候。其他内诸司有修内司、八作司、仪鸾司、翰林司、皇城司、军头司、内东门司、禁卫所、御服所、丝鞋所、军器所、符宝所、日历所、讲筵所、造作所、文思院、御马院、车辂院、官诰院、登闻检院、进奏院、骐骥院、御辇院、御酒库、左藏库、内藏库、南廊库、封椿库、阁子库、祗候库、内军器库、御机房、画院、天章阁、太医局、国信所。

逍遥子^⑤须用金龙，内用乾红^⑥罗帐，金龙御座，百花搭挡。十六人辇官擎辇，前有人员招引，两边有等干，栏前近有圆

---

① 骐骥院：官署名。宋初承唐制置左、右飞龙院，北宋太宗太平兴国五年（公元980年）改左、右天厩坊，太宗雍熙四年（公元987年）又改左、右骐骥院，各设勾当官三人。

② 封椿库：宋初，天下贡赋悉归左藏库，及平定荆、湖、下西蜀后，国家储备充足。乾德三年（公元965年），太祖遂令在讲武殿后另置内库，储存金帛，号封椿库，主要用于收复幽蓟。

③ 祗候库：宋库名，属太府寺。掌管储存钱帛、器皿、衣服等，以备赏赐臣下。

④ 国信所：宋官署名，负责与辽、金交往的具体事务。

⑤ 逍遥子：逍遥辇，宋代帝王坐轿名。宋代邵博《闻见后录》卷一："（帝）至琼瑶苑，回望西太乙宫，上有云气如香烟以起，少时，雷电雨甚至。帝却逍遥辇，御平辇，彻盖还宫。"

⑥ 乾红：深红色。

子簇护。

【译】逍遥辇须用金银饰龙头，内有深红色的罗帐，用百花簇拥着金龙御座。十六个辇官抬着龙辇，前面有人员招引，两边有相同数量的人员护卫，栏前近处有近卫围着防护簇拥着。

诸殿属

绯熙殿^①、垂拱殿、睿思殿、资政殿、观文殿^②、皇后殿、贵妃位^③、淑妃^④位、婉容位、美人位、才人位、婕妤位、后苑^⑤、阁下。

【译】诸殿属有：绯熙殿、垂拱殿、睿思殿、资政殿、观文殿、皇后殿、贵妃位、淑妃位、婉容位、美人位、才人位、婕妤位、后苑、阁下等。

---

① 绯熙殿：原为讲殿，是南宋理宗前各朝皇帝经筵开讲经史之所，于理宗绍定五年（公元 1232 年）十一月始改建，第二年六月竣工，理宗御书"绯熙"二字榜之，并亲为之撰《记》。

② 垂拱殿、睿思殿、资政殿、观文殿：北宋都城汴京、南宋都城杭州皆有。

③ 位：指居所。

④ 淑妃：宋朝嫔妃等级：皇后；贵妃、贤妃、德妃、淑妃、宸妃；昭仪、昭容、修媛、修仪、修容、充媛、婉容、婉仪、顺容、贵仪；婕妤、美人、才人、国夫人、郡君（南宋郡君改夫人）、红霞帔、侍御等。

⑤ 后苑：疑为后苑造作所，官署名，属入内侍省。掌内廷及皇属婚娶所需物品。

二十四班

行门班、殿前左班、殿前右班、内殿直班、御龙直班、长人只候班、金枪班、银枪班、弓箭班、弩直班、骨朵直班、招箭班、新旧班、东一班、东二班、东四班、东五班、西一班、西二班、散直班①、散只候班、散真班、散都头班、禁卫天武班、皇城司亲从官、上一指挥、上二指挥、上三指挥、上四指挥、上五指挥。

【译】二十四班有：行门班、殿前左班、殿前右班、内殿直班、御龙直班、长人只候班、金枪班、银枪班、弓箭班、弩直班、骨朵直班、招箭班、新旧班、东一班、东二班、东四班、东五班、西一班、西二班、散员班、散只候班、散真班、散都头班、禁卫天武班、皇城司亲从官、上一指挥、上二指挥、上三指挥、上四指挥、上五指挥。

亲事官

下一指挥、下二指挥、下三指挥、下四指挥、下五指挥、

---

① 散直班：疑应为"散员班"。

外三指挥、黄院子、皂院子、司圊^①、御辇院^②、正供营、次供营、下供营、御前中佐军头引见司^③、押番^④、十将^⑤、内等子^⑥、环卫官^⑦十员、带御器械^⑧四员、静鞭响^⑨、步帅太尉、殿帅太尉、内知省太尉。

【译】亲事官有：下一指挥、下二指挥、下三指挥、下四指挥、下五指挥、外三指挥、黄院子、皂院子、司圊、御辇院、正供营、次供营、下供营、御前中佐军头引见司、押番、十将、内等子、环卫官十员、带御器械四员、静鞭响、步帅太尉、殿帅太尉、内知省太尉。

---

① 圊（qīng）：厕所。

② 御辇院：宋官署名。掌供皇帝步辇及宫廷车乘。监官三人，以诸司使及内侍充任。其下有供御指挥使、副兵马使、供御辇官、次供御辇官、下都军使、下都辇官等，分掌轮流攀御辇，荷负御衣箱，侍候宫中与外戚车舆。

③ 引见司：宋官署名，简称军头引军见司。属入内侍省。宋初有军头司和引见司。宋太宗端拱二年（公元989年），改军头司为御前忠佐军头司，引见司为御前军佐引见司。后合为一司，掌供奉便殿禁卫、诸军拣阅、引见、分配之政。及皇帝外出遇有陈诉时，问明情况回奏。

④ 押番：比士兵高一级的军士。

⑤ 十将：宋朝军队低级指挥员。隶属都（连）一级统兵官，即由步兵部队的都头、副都头或骑兵部队的军使、副兵马使管辖，位置在军头下，将虞候上。

⑥ 内等子：皇宫中的禁卫。

⑦ 环卫官：宋代所置武散官。环卫即禁卫之意。

⑧ 带御器械：宋代武官官名。宋初，选三班以上班干亲信官员佩櫜（gāo）鞬，带剑，侍卫皇帝，或以宦官充任，称御带。咸平元年（公元998年），改称带御器械，为武臣荣衔。

⑨ 静鞭响：指执鞭的仪从人员。静鞭，一种很大的鞭子。銮驾仪卫之警人用具。朝会时鸣之以发声，以示肃静。也称鸣鞭。

平辇①，步红漆辇，真金银龙钉铰②前后竿，金龙头，乾红番罗③搭挡两把、雨罗伞二柄、掌扇④、红门⑤、簇帐，御九重禁卫。

【译】平辇，用红漆漆御辇，用金龙、银龙镶嵌辇的前后杆，龙头是黄金的，有两把深红色交替的罗纱、两把雨罗伞、掌扇、拱门、簇帐，设置了九重禁卫军来护驾。

驾后官：中贵⑥带御器械四员，阁门执伞、执掌扇三员。

【译】随驾在后的官员有：中贵带御器械四员，阁门执伞、执掌扇三员。

从驾官单行马：丞相、太师、吴兴郡王⑦、枢密知院⑧、

---

① 平辇：平头辇。

② 钉铰：以（金玉等）镶嵌器物。

③ 番罗：罗纱的一种。

④ 掌扇：古代障尘遮日用具。流行于中国多数地区。开始时是作为贵族或帝王的仪仗之用，后来演变成民间的一种在婚嫁时才使用的仪仗用具。

⑤ 红门：疑应为"拱门"。

⑥ 中贵：泛指皇帝宠爱的近臣。

⑦ 吴兴郡王：宋孝宗次子赵恺，庆元间封吴兴郡王。

⑧ 枢密知院：知枢密院事，即枢密使。

参知政事^①、同知枢密使、签书枢密使^②、双竹马、左尚书、内翰、给事^③、侍郎、谏官、右亲王、承宣^④、观察^⑤、防御^⑥、刺史。

【译】单独骑马的随驾官员有：承相、太师、吴兴郡王、枢密使、参知政事、同知枢密使、签书枢密使、双竹马、左尚书、内翰、给事中、侍郎、谏官、右亲王、承宣使、观察使、防御使、刺史等。

殿前司十军将官兵士搠^⑦花：前军、后军、左军、右军、中军、护圣、神勇、王选、策选、游奕。

【译】殿前司十军将官、兵士头顶插花，有：前军、后军、左军、右军、中军、护圣军、神勇军、王选军、策选军、游奕军。

① 参知政事：中国古代官职名。原是临时差遣名目，唐太宗贞观十三年（公元 639 年）十一月，以刘洎为黄门侍郎、参知政事，参知政事始正式作为宰相官名。到宋代，设中书门下（习称政事堂），此后参知政事则演变成一个常设官职，作为副宰相，其根本目的是削弱相权，增大皇权。

② 同知枢密使、签书枢密使：枢密使佐官。

③ 给事：给事中，官名。秦汉为列侯、将军、谒者等的加官，侍从皇帝左右，备顾问应对，参议政事，因执事于殿中，故名。

④ 承宣：承宣使，官名。宋初沿唐制，置节度观察留后，无定员，无职守，虽冠有军名而不赴任，仅为武臣加官虚衔。宋政和七年（公元 1117 年）改称承宣使。

⑤ 观察：观察使，官名。唐代后期出现的地方军政长官，全称为观察处置使。

⑥ 防御：防御使，官名。唐代开始设置的地方军事长官。唐代防御使全称为防御守捉使。有都防御使、州防御使两种。州防御使最早见于圣历元年（公元 698 年），唐朝以夏州都督领盐州防御使。开元二年（公元 714 年），又授薛讷为陇右防御使。

⑦ 搠（shuò）：扎、刺。

数万人随驾，一一恭谨低声。止有快行^①数队脱膊，各有执把^②：或执黄罗伞、或执青罗伞、或托金香球、或执黄罗扇、或执马靴、或执七宝剑、或执押衣刀^③、或执弓箭、或执金垒、或背弓箭、或金洗嗽^④之类。内等子将拳拶袖高声。

【译】有数万人随驾，全都恭敬谨慎不敢大声。有数队的快行家光着胳膊，各自手里都拿着相应的物品：拿黄罗伞的、拿青罗伞的、拿金香球的、拿黄罗扇的、拿马靴的、拿七宝剑的、拿护身刀的、拿弓箭的、拿金垒的、背弓箭的、背金质洗漱用具的等。皇宫中的禁卫们也握拳拶袖，大声开道。

观瞻圣驾官员幕次密密相连，宅眷^⑤珠翠盈满，家家人

---

① 快行：宋宫廷中吏役，亦称"快行家"。供奔走使令、传命令，皇帝出行时随从执衣服器物，所候役使，仪卫、卤簿中皆有之。

② 执把：拿着。

③ 押衣刀：护身刀；匕首。

④ 洗嗽：或"洗漱"，指洗漱用具。

⑤ 宅眷：家眷，家属。多指女眷。

物如堵。以后每日酌献①。祠山张王②生辰，排日③上庙。

【译】围观瞻仰圣驾官员的帐篷密密相连，身着盛装的女眷们到处都是，各家各户的人都拥挤在道路上。此后每天都要酌酒献客。祠山张王生日的时候，每天也要去上庙。

七宝社

珊瑚树数十株，内有三尺者、玉带、玉碗、玉花瓶、玉束带、玉劝盘④、玉轸芝（二字可疑，未敢校改）、玉绦环⑤、玻璃盘、玻璃碗、菜玉⑥、水晶、猫睛⑦、马价珠⑧。奇宝甚多。

香药社、相扑社、川弩社、遏云⑨社、同文社、同声社、律华社、锦体⑩社。

---

① 酌献：酌酒献客。

② 祠山张王：祠山大帝，名唤张渤，字伯奇，故又称张王爷。是安徽广德的祠山山神，为中国江浙一带的知名神祇。通说为夏禹时人，一说汉朝人。其生辰在农历二月初八，一说在二月十一日。

③ 排日：每天，逐日。

④ 劝盘：劝酒时用来放酒杯的盘子。

⑤ 绦环：系有丝绦的玉环，佩戴用来祈福。

⑥ 菜玉：翠绿如菜的玉石。

⑦ 猫睛：猫眼石，晶莹光亮如同猫眼的玉石。

⑧ 马价珠：一种青翠色宝珠。

⑨ 遏云：典故名，典出《列子》卷五《汤问》。歌声使云停止不前。后遂以"遏云"形容歌声响亮动听。亦作"遏流云""遏行云"。

⑩ 锦体：文身。

【译】七宝社内有珊瑚树数十株，其中有高达三尺者。其余还有玉带、玉碗、玉花瓶、玉束带、玉劝盘、玉轸芝、玉绦环、玻璃盘、玻璃碗、菜玉、水晶、猫睛、马价珠等。各种奇异的珍宝很多。

其他还有：香药社、相扑社、川弩社、遏云社、同文社、同声社、律华社、锦体社等。

梓潼帝君①生辰，蜀中士大夫寄居都城，递年②诸社陌③上吴山④冲天观梓潼帝君观酌献设醮。

【译】梓潼帝君生辰的时候，寄居在杭州的蜀中士大夫，各种民间团体每年都会登上吴山冲天观梓潼帝君观，设乐设坛来祭祀。

---

① 梓潼帝君：道教神名。相传名张亚子，居蜀中七曲山，仕晋战死，后人立庙祀之。唐宋时封王，元时封为帝君。掌管人间功名禄位事。宋代吴自牧《梦粱录·外郡行祠》："梓潼帝君庙，在吴山承天观。此蜀中神，专掌注禄籍，凡四方士子求名赴选者悉祷之。"

② 递年：一年又一年，即每年。

③ 社陌：社会，民间团体。

④ 吴山：在浙江杭州西湖东南。山势绵亘起伏，伸入市区，左带钱塘江，右瞰西湖，由延绵的宝月、峨眉、浅山、紫阳、七宝、云居等小山而成，山体伸延入市区，山高均不超过百米。当年渔民下海捕鱼后在此晾晒网，称晾网山；春秋时为吴西边界，故名吴山；还有说伍子胥的缘故，讹伍为吴，因此山有子胥祠，遂称胥山；五代吴越中时山上有城隍庙，亦称城隍山；唐时多称青山。今通称吴山，其东、北、西北多俯临街市巷陌，南面可远眺钱塘江及两岸平畴，上吴山仍有凌空超越之感，且可尽览杭州江、山、湖、城之胜，为杭州名胜。

霍山①行祠②，正赛长生马社，是诸王府第娇马，或用金鞍、银鞍、绣鞍、养鞍、金勒、玉勒、乌银③勒、玉作子、玛瑙④作子、箱嵌作子、透犀作子、七宝作子、玳瑁⑤作子。沿路迎引到庙上露台上相扑⑥，捧⑦正殿妓乐⑧、社火⑨酬献。庙前拥挨，轿马盈路⑩。多有后生于霍山之侧，放五色烟火、放爆竹。

　　【译】霍山行祠那里，长生马社的正在赛马，都是各个王及官宦人家饲养的娇贵的马，用金鞍、银鞍、绣鞍、养鞍、金勒、玉勒、乌银勒、玉作子、玛瑙作子、箱嵌作子、透犀作子、七宝作子、玳瑁作子来装饰赛马。沿路迎引各种艺人到庙里

---

① 霍山：山名，原在杭州西湖边昭庆寺后，为宝石山余脉。现已不存。

② 行祠：临时的祠堂。

③ 乌银：用硫黄熏炙和特殊方法熔铸的黑色的银。

④ 玛瑙：一种似玉而次于玉的宝石。

⑤ 玳瑁：属爬行纲，海龟科的海洋动物。头顶有两对前额鳞，吻部侧扁，上颚前端钩曲呈鹰嘴状；前额鳞两对；背甲盾片呈覆瓦状排列；背面的角质板覆瓦状排列，表面光滑，具褐色和淡黄色相间的花纹。四肢呈鳍足状。前肢具两爪。尾短小，通常不露出甲外。

⑥ 相扑：一种竞技体育运动。相扑源于中国春秋时代，从春秋到秦汉时期名为"角抵"，带有武术性质。

⑦ 捧：奉，呈。此指表演。

⑧ 妓乐：妓人表演的音乐舞蹈。

⑨ 社火：中国汉族民间一种庆祝春节的传统庆典狂欢活动。青海省、甘肃省、陕西省等一些地方的非物质文化遗产。高台、高跷、旱船、舞狮、舞龙、秧歌等的通称，具体形式随地域而有较大差异。

⑩ 盈路：充满道路。

露台上相扑，到正殿表演音乐和舞蹈、社火来供神。庙前人群拥挤，轿子、马车占满了道路。有很多的小伙子在霍山行祠的侧面，燃放五色烟火和爆竹。

庙东大教场内，走马、打球、射弓、飞放鹰鹞；赌赛叫①，老鸦打线、告天子②、番吃嘅③、青菜④、画眉；赛诸般花虫蚁：鹅黄百舌⑤、白鹩子⑥、白金翅⑦、白画眉、白青菜、白角全眉、白青头⑧、芦花角全、芦花画眉、鹅黄相思、紫

---

① 赌赛叫：比赛模仿鸟叫。

② 告天子：鸟名，云雀。它飞到一定高度时，稍稍浮翔，又疾飞而上，直入云霄，故得此名。

③ 番吃嘅：不知所指，不似鸟名，疑有讹误。嘅，音、义不详。

④ 青菜：这里指鸟名，学名领雀嘴鹎（bēi），又称羊头公、青冠雀。

⑤ 鹅黄百舌：乌鸫（dōng），又叫反舌、百舌、中国黑鸫、黑鸫、乌鸫。是鸫科鸫属的鸟类，分布于欧洲、非洲、亚洲，常栖于林区外围、小镇和乡村边缘，甚至瓜地，亦见于平野、园圃、乔木上以及有时在垃圾堆和厕所附近觅食。是杂食性鸟类，食物包括昆虫、蚯蚓、种子和浆果。雄性的乌鸫除了黄色的眼圈和喙外，全身都是黑色。雌性和初生的乌鸫没有黄色的眼圈，但有一身褐色的羽毛和喙。乌鸫是瑞典国鸟。

⑥ 白鹩（liáo）子：全身羽毛黑色，有光泽，前额和头顶紫色。常成群聚集在树上，叫声婉转，善于模仿其他鸟叫。

⑦ 白金翅：金翅雀，雀形目雀科金翅雀属的小型鸟类。体长12—14厘米。嘴细直而尖，基部粗厚，头顶暗灰色。背栗褐色具暗色羽干纹，腰金黄色，尾下覆羽和尾基金黄色，翅上翅下都有一块大的金黄色块斑，无论站立还是飞翔时都醒目。

⑧ 白青头：鸟名，学名灰头鸥。国家一级保护飞禽，鸟纲鸻形目鸥科鸥属的一种鸟类。灰头鸥栖息于海滨沙滩，岩石海岸、岛屿及河口地带，迁徙期间也见于内陆河流与湖泊。主要食鱼、虾、甲壳类、软体动物等水生脊椎和无脊椎动物。

鹩绣眼、金肚铞瓷、秦吉了^①、倒挂儿、留春莺，宠尤非细。

【译】庙东面的大教场内，有艺人在表演走马、打球、射弓、飞放鹰鹞；有比赛模仿鸟叫的，模仿的鸟类有：老鸦、云雀、番吃嘤、青菜、画眉；还有比赛让很多种鸟类进行表演的，鸟类和节目有：鹅黄百舌、白鹩子、金翅雀、白画眉、白青菜、白角全眉、灰头鸥、芦花角全、芦花画眉、鹅黄相思、紫鹩绣眼、金肚铞瓷、了哥、倒挂儿、留春莺，这些鸟的主人平时对它们是非常宠爱的。

社火内有鱼儿活檐^②，上有：金龟、金鳝、金虾、金鳅^③、玳瑁龟、玳瑁虾、白龟、金鲹、金田螺之类。

【译】社火内还有放置各种水下动物的活檐，上面主要有：金龟、金鳝、金虾、金鳅、玳瑁龟、玳瑁虾、白龟、金鲹、金田螺等。

---

① 秦吉了：又称吉了、了哥，与八哥相似，是一种常见的观赏鸟。智商很高，可学人语。因产于秦中，故名秦吉了。

② 活檐：《闲情偶寄·房舍第一》："何为活檐？放于瓦檐之下，另设板棚一扇，置转轴于两头，可撑可下。晴则反撑，使正面向下，以当檐外顶格；雨则正撑，使正面向上，以承檐溜。"

③ 金鳅：鲤科，体形似铜鱼，头后背部显著隆起。栖息于水流湍急的江河中。

开煮迎酒^①候所，有十三库，十马。上马每库有行首^②二人，戴特髻^③，着乾红大袖；选像生^④有颜色者三四十人，戴冠子、花朵，着艳色衫子；稍年高者，都着红背子、特髻。每库各用丫环五十余人，执劝杯^⑤之类。或用台阁^⑥故事一段；或用群仙，随时装变大公。专知各反（按："反"疑是"支"字之误）犒赏官会银碗匹帛^⑦。官员子弟沿路用人托诸色果木蜜煎劝酒^⑧，后因搭滞禁之。

【译】开煮、迎新酒的酒库共有十三个，送酒的队伍共有十马。上马每库有行首两人，头戴特髻，穿深红色的大袖衣服；选三四十名有姿色的女艺人，她们头戴冠子、花朵，身穿艳丽的衫衣；年龄稍微大点儿的女艺人，都穿红色褙子、头戴特髻。每库都各用五十余名丫鬟，手执劝杯一类的器皿。有时表演一段台阁故事；有时装扮为群仙，也随时能变装为

---

① 开煮迎酒：《梦粱录·卷二·诸库迎煮》："临安府点检所，管城内外诸酒库，每岁清明前开煮，中前卖新迎年，诸库呈覆本所，择日开沽呈样，各库预颁告示，官私妓女，新丽妆着，差雇社队鼓乐，以荣迎引。"

② 行首：宋元时对上等妓女的称呼。后为名妓的泛称。

③ 特髻：假发所做之髻，供妇女装饰用。

④ 像生：这里指宋元时期以说唱为艺的女艺人。

⑤ 劝杯：酒杯名。专用于敬酒或劝酒，体积较大而制作精美。

⑥ 台阁：《武林旧事·卷三·迎新》："每库各用匹布书库名高品，以长竿悬之，谓之'布牌'；以木林铁擎为仙佛鬼神之类，驾空飞动，谓之'台阁'。"

⑦ 专知各反犒赏官会银碗匹帛：《梦粱录·卷二·诸库迎煮》："州府赏以彩帛钱会银碗，令人肩驮于马前，以为荣耀。"

⑧ 劝酒：似指讨酒。

大公。州府会赐赏钱、银碗、匹帛一类的奖赏。官员子弟沿路命人托着各种水果、蜜饯来讨酒喝，后因阻塞道路而被禁止了。

上真^①生辰

殿前司在京十军各有社火，上庙酌献烧香。诸处有庙，唯殿前司衙内与游奕军庙，烧香者人多士庶，烧香纸不绝。街市亦有社陌。

【译】殿前司在京城的十军各自都有庆典活动，去真仙庙供神烧香。其他各处也都有祠庙，只有殿前司衙内与游奕军庙，烧香的士族和庶族最多，烧的香和纸钱一直不断。街市上也有社团去烧香。

或遇圣上出郊，驾出钱塘门，唯用禁卫人，亦不搁巷，容人观瞻，却禁西湖。或往集芳园^②，或在聚景园。降旨^③贾市^④，幕士^⑤取索进上，赏赐金钱、银钱。驾泛御舟，入四圣

① 上真：真仙。

② 集芳园：本为皇家花园，后宋理宗将其赐给权相贾似道。

③ 降旨：这里指降临。

④ 贾市：市集。

⑤ 幕士：宫廷的卫士。

观^①之看。园内景物有：玛瑙坡、秦朝桧、六一泉^②、和靖^③先生墓。赏玩至晚方回銮^④。降旨令诸门夜深方闭，恐踏伤人之故。

【译】有时会遇到皇上出游到郊外，御驾从钱塘门出，只用禁卫军来护卫，并不封闭街巷，允许百姓观看瞻仰，然而在西湖附近时却禁止了。皇上会前往集芳园，也会去聚景园。皇上来到市集，宫廷的卫士呈上向商家索取的皇上喜欢的商品，皇上会赏赐商家金钱、银钱。皇上会泛舟游湖，进入四圣观去转转看看。园内的景物有：玛瑙坡、秦朝桧、六一泉、和靖先生墓。一直赏玩到晚上，皇上才回宫。降旨命令各个城门到夜深的时候再关闭城门，恐有踩踏伤人事故发生。

---

① 四圣观：道观名。

② 六一泉：位于杭州市孤山南麓，西泠印社之西，俞楼之东。泉池约两平方米，上有半壁亭。

③ 和靖：林逋（公元 967—1028 年），字君复，后人称为和靖先生、林和靖，汉族，奉化大里黄贤村人，北宋著名隐逸诗人。林逋隐居西湖孤山，终生不仕不娶，唯喜植梅养鹤，自谓"以梅为妻，以鹤为子"，人称"梅妻鹤子"。

④ 回銮：旧时称帝王及后妃的车驾为"銮驾"，因称帝、后外出回返为"回銮"。

清明节

公子王孙富室骄民①踏青游赏城西。店舍经营②，辐凑③湖上，开张赶趁④。

【译】清明节的时候，公子王孙、富贵人家和娇贵安逸的京城平民都到城西踏青赏玩。各类店铺和小生意人，都聚集在西湖附近，抓住机会开张做生意。

酒名

玉练槌、思春堂（酒名，见《武林旧事》）、皇都春、中和堂、珍珠泉、有美堂、雪腴、太常、和酒、夹和、步司小槽、宣赐碧香、内库流香、殿司凤泉、供给酒、琼花露、蓬莱春、黄华堂、六客堂、江山第一、兰陵、龙游、藩蓻、府第酒、庆远堂、清白堂、蓝桥风月（"藩蓻"疑当作"藩封⑤"，似当与"府第酒"三字相连属，盖庆远堂出于秀邸⑥，清白

---

① 骄民：这里指养尊处优、娇贵安逸的京城平民。

② 经营：应作"经纪"，指小生意人。

③ 辐凑：形容人或物聚集像车辐集中于车毂一样。

④ 赶趁：抓住集市庙会或集会的机会，赶去做生意。

⑤ 藩封：藩国。

⑥ 秀邸：又名择胜园，是南宋临安（今浙江杭州）私家园林之一。

堂出杨邸，蓝桥风月出吴府^①也）。

【译】酒的名字有：玉练槌、思春堂（酒名，见《武林旧事》）、皇都春、中和堂、珍珠泉、有美堂、雪腴、太常、和酒、夹和、步司小槽、宣赐碧香、内库流香、殿司凤泉、供给酒、琼花露、蓬莱春、黄华堂、六客堂、江山第一、兰陵、龙游、藩葑、府第酒、庆远堂、清白堂、蓝桥风月（"藩葑"疑应为"藩封"，似应与"府第酒"三字相连属。庆远堂酒出于秀邸，清白堂酒出于杨邸，蓝桥风月出于吴府）。

起店^②

铺羊、三鲜、炒鸡、桐皮、浇皮、盒生、虾燥三刀、棋子^③、火燠、经带、铺鸡、造羹、盐煎、饦馇、馄饨、带汁煎、羊泡饭、生熟烧。

【译】店里卖的食物有：铺羊、三鲜、炒鸡、桐皮、浇皮、盒生、虾燥三刀、棋子、火燠、经带、铺鸡、造羹、盐煎、饦馇、馄饨、带汁煎、羊泡饭、生熟烧。

---

① 吴府：指宋高宗吴皇后家府。

② 起店：所指不详。

③ 棋子：做成棋子形状的面食。

食店

　　海鲜头羹①、三软头羹、江瑶柱、大片腰子、松花腰子、燥子决明、二色茧儿、江鱼玉叶、鲟鱼②拖澀、羊头鼋鱼③、锦鸡鼋鱼、夺真元鱼④、剪花馒头、剪羊事件⑤、荤素签、锦鸡签、杂菜羹、蝤蛑⑥签、鼎煮羊、盏蒸羊、羊炙焦、大包子、羊血粉、龟背、大骨、干京果、南京枣、番葡萄、巴榄子⑦、御枣圈、松阳柿⑧、蜂儿榧⑨、药滓鱼、锦荔枝、大圆眼、顶山栗、蜂儿干、莲子肉、糖霜、梨花、梨条、梨肉、桃条、大虾巨、蟛鮕干、大鲟鱼、人面干、江蟥肉、芭蕉干、大决

---

① 头羹：一种类似杂烩的菜肴。

② 鲟鱼：鳇鱼。

③ 鼋（yuán）鱼：也作鼋。爬行动物，又称甲鱼、王八。水陆两栖，肉味鲜美，营养丰富。

④ 元鱼：甲鱼。

⑤ 事件：可以食用的禽、畜内脏。

⑥ 蝤（yóu）蛑（móu）：青蟹，梭子蟹。

⑦ 巴榄子：巴旦木，一种坚果。

⑧ 松阳柿：浙江丽水松阳特产。

⑨ 蜂儿榧：蜂儿香榧，浙江磐安特产，为红豆杉科植物榧的种子。果实大小像枣，核像橄榄，呈椭圆形，富有油脂，并有一种特殊的香气。

明、沙鱼线、鰽鱼^①干、银鱼干、豆蔻花、索果、饼果、馂子、

孔酥、时果、罗浮橘、洞庭橘、花木瓜、余甘子、赏花甜、

亢堰藕^②、青沙烂^③、陈公梨、乳柑、鹅梨、甘蔗、温柑、橄

榄、区橘、香枨^④、海鲜、江瑶、青虾、白蟹、香螺、竦螺、

石首^⑤、蝤蛑、鰳鱼^⑥、乌贼、鳁鱼^⑦、江鱼、鲒鱼^⑧、蚶子、

蛤蜊、淡菜、鲜蛤、白虾、车螯^⑨、水母线、蜜丁^⑩、比目鱼、

望潮鱼^⑪、火珠鱼^⑫、蚵蚾^⑬鱼、河鱼、白鱼、鲥鱼^⑭、鲦鱼、

---

① 鰽鱼：龙头鱼，是龙头鱼科、龙头鱼属的一种鱼类。体延长而柔软，前部较粗大，向后而逐渐侧扁而细。肉食性鱼类，主要以食鳗、小公鱼、棱鳀、小沙丁鱼、大黄鱼的幼鱼等小型鱼类为生。

② 亢堰藕：何物不详。

③ 青沙烂：陈州出产的一种梨。

④ 香枨（chéng）：香橙。

⑤ 石首：鱼名，又名黄花鱼，此鱼出水能叫，夜间发光，头中有像棋子的石头，故称石首鱼。

⑥ 鰳（móu）鱼：鱼名。《正字通》："似鲰（zōng，石首鱼）而小，一名黄花鱼。福温多有之。温海志名黄灵鱼，即小首鱼，首亦有石。"

⑦ 鳁（wēn）鱼：沙丁鱼。

⑧ 鲒（ruò）鱼：比目鱼一类的鱼。

⑨ 车螯：蛤的一种。璀璨如玉，有斑点。肉可食。肉壳皆可入药。自古即为海味珍品。

⑩ 蜜丁：蚶子。俗称瓦垄子。指的是蚶壳里的肉。

⑪ 望潮鱼：一种小型章鱼。《闽书》："鱆（zhāng）鱼。一名望潮鱼。"

⑫ 火珠鱼：何物不详。

⑬ 蚵（kē）蚾（bǒ）：动物名。蟾蜍类。

⑭ 鲥鱼：为溯河产卵的洄游性鱼类，因每年定时于初夏时候入江，其他时间不出现，因此得名。产于中国长江下游，以当涂至采石一带横江鲥鱼味道最佳，素誉为江南水中珍品，古为纳贡之物，为中国珍稀名贵经济鱼类。

鲫鱼、鲤鱼、银鱼、鲚^①鱼、青鱼、白白类^②、鲇鱼^③、螃蟹、黄螃蟹、鲟鳇鱼。

【译】食店里卖的食物有：海鲜头羹、三软头羹、江瑶柱、大片腰子、松花腰子、燥子决明、二色茧儿、江鱼玉叶、鳜鱼拖瀅、羊头甲鱼、锦鸡甲鱼、夺真甲鱼、剪花馒头、剪羊内脏、荤素签、锦鸡签、杂菜羹、青蟹签、鼎煮羊、盏蒸羊、羊炙焦、大包子、羊血粉、龟背、大骨、干京果、南京枣、番葡萄、巴旦木、御枣圈、松阳柿、蜂儿香榧、药滓鱼、锦荔枝、大圆眼、顶山栗、蜂儿干、莲子肉、糖霜、梨花、梨条、梨肉、桃条、大虾巨、蟛鲇干、大鲟鱼、人面干、江蟛肉、芭蕉干、大决明、沙鱼线、龙头鱼干、银鱼干、豆蔻花、索果、饼果、馓子、孔酥、时果、罗浮橘、洞庭橘、花木瓜、余甘子、赏花甜、亢堰藕、青沙烂、陈公梨、乳柑、鹅梨、甘蔗、温柑、橄榄、匽橘、香橙、海鲜、江瑶、青虾、白蟹、香螺、辣螺、黄花鱼、青蟹、鲟鱼、乌贼、沙丁鱼、江鱼、鲿鱼、蚶子、蛤蜊、淡菜、鲜蛤、白虾、车螯、水母线、蚶子、比目鱼、望潮鱼、火珠鱼、蚵蚾鱼、河鱼、白鱼、鲥鱼、鲦鱼、鲫鱼、鲤鱼、银鱼、鲚鱼、青鱼、白白类、鲇鱼、螃蟹、黄螃蟹、鲟鳇鱼。

---

① 鲚（jì）：为洄游性鱼类，春、夏季由海进入江河行生殖洄游。在干支流或湖泊的缓流区产卵。

② 白白类：何物不详。

③ 鲇鱼：鲶鱼。

肉食：入炉炕羊、窝綜^①疆豉、双条划^②子、皮骨疆豉、猪舌头、涷^③白鱼、白炸鸡、白燠肉、花事件、八糙鸭、炕^④鸡、炕鹅、燠肝、肚肺、糟鲍鱼、犯^⑤脯鲝^⑥酱、红羊犯、影戏犯、箅条^⑦犯、皂角铤^⑧、线条儿、肉瓜齑、雪团鲝、鲟鱼鲝、春子鲝、黄雀鲝、荷包鲝、玉版鲝、桃花鲝、三和鲝、大鱼鲝、旋鲝、咸鲝、鹅鲝、削脯、苫脯、松脯、切鲝、饭鲝。

【译】各种肉食有：入炉炕羊、窝綜疆豉、双条划子、皮骨疆豉、猪舌头、涷白鱼、白炸鸡、白燠肉、花事件、八糙鸭、烤鸡、烤鹅、燠肝、肚肺、糟鲍鱼、犯脯鲝酱、红羊犯、影戏犯、笋条犯、皂角铤、线条儿、肉瓜齑、雪团鲝、鲟鱼鲝、春子鲝、黄雀鲝、荷包鲝、玉版鲝、桃花鲝、三和鲝、大鱼鲝、旋鲝、咸鲝、鹅鲝、削脯、苫脯、松脯、切鲝、饭鲝。

---

① 綜（liáng）：本义是束发的帛。

② 划（chǎn）：旧同"铲"。这里何意不详。

③ 涷（liàn）：将食材煮制得柔软洁白。

④ 炕：烤。

⑤ 犯（bā）：母猪。这里"犯"通"豝"。豝，干肉。

⑥ 鲝（zhǎ）：一种用盐和红曲腌的鱼。

⑦ 箅（suàn）条：笋条。

⑧ 铤（tǐng）：古意大树。

茶果仁儿：榛子^①仁、括子^②仁、松子仁、橄榄仁、杨梅仁、胡桃仁、西瓜仁。

【译】喝茶时吃的果仁儿有：榛子仁、括子仁、松子仁、橄榄仁、杨梅仁、胡桃仁、西瓜仁。

蜜煎：蜜金橘、蜜木瓜、蜜林檎^③、蜜金桃、蜜李子、蜜木弹、蜜橄榄、昌园梅、十香梅、蜜桄、蜜杏、珑缠茶果^④。

【译】各种蜜饯果脯有：蜜金橘、蜜木瓜、蜜沙果、蜜金桃、蜜李子、蜜木弹、蜜橄榄、昌园梅、十香梅、蜜橙、蜜杏、用饴糖缠绕出来的各种糖果等。

糖煎尤多，担杖^⑤抬木架子：香药灌肺、七宝科头、杂合细粉、水滑糍糕、玲珑划子、金铤裹蒸、生熟灌藕、水晶炸子、筋子膘皮、乳糖鱼儿、美醋羊血、澄沙团子、天花饼、皂儿膏、宜利少^⑥、煎鸭子、酿栗子、莲子肉、熰^⑦肝肉、望

---

① 榛子：又名山板栗、尖栗或榧子，一种坚果。

② 括子：何物不详。

③ 林檎：又名花红、沙果。落叶小乔木，叶卵形或椭圆形，花淡红色。果实卵形或近球形，黄绿色带微红，是常见的水果。

④ 珑缠茶果：龙缠茶果。用饴糖缠绕出来的糖果。

⑤ 担杖：扁担。

⑥ 宜利少：散碎的小糖果。

⑦ 熰（āo）：把食物埋在灰火中煨熟，草里泥封，塘灰中熰之。

口消①、蜜枣儿、兔耳朵、酥枣儿、重剂枣、糖寿带、酸红藕、宝索儿、玉柱糖、泽州②饧③、玉消膏、乌梅膏、韵梅膏、薄荷膏、香柞膏、橘红膏、糖乌李、杨梅糖、法豆④、轻饧。

【译】糖煎的食物也非常多，用扁担挑木架子售卖的有：香药灌肺、七宝科头、杂合细粉、水滑糍糕、玲珑划子、金铤裹蒸、生熟灌藕、水晶炸子、筋子膘皮、乳糖鱼儿、美醋羊血、澄沙团子、天花饼、皂儿膏、宜利少、煎鸭子、酿栗子、莲子肉、爊肝肉、望口消、蜜枣儿、兔耳朵、酥枣儿、重剂枣、糖寿带、酸红藕、宝索儿、玉柱糖、泽州饧、玉消膏、乌梅膏、韵梅膏、薄荷膏、香橙膏、橘红膏、糖乌李、杨梅糖、法豆、轻饧。

---

① 望口消：何物不详。

② 泽州：古代州名，今山西晋城。

③ 饧（xíng）：用米和麦芽之类谷物熬成的糖稀。

④ 法豆：何物不详。

关扑①

　　螺钿②交椅、螺钿投鼓、螺钿鼓架、螺钿玩物、时样③漆器、新窑青器、汝窑④楪⑤碟、桂浆合伏、犀皮动使⑥、合色凉伞、小银枪刀、诸般斗笠、打马象棋、杂彩拨⑦球、宜男扇儿、土宜栗粽、悬丝狮豹、土宜巧粽、杖头傀儡、宜男竹作、锡小筵席、杂彩旗儿、单皮鼓、大小采莲船、番鼓儿、大扁鼓、道扇儿、耍三郎、泥黄胖、花篮儿、一竹竿、竹马儿、小龙船、糖狮儿、檐前乐、打马图、闹竹竿⑧（有极细用七宝犀象揍成者）。

　　【译】用于关扑的有：螺钿交椅、螺钿投鼓、螺钿鼓架、

---

① 关扑：以商品为诱饵赌掷财物的博戏。宋代苏轼《乞不给散青苗钱斛状》："又官吏无状，於给散之际，必令酒务设鼓乐倡优，或关扑卖酒牌子，农民至有徒手而归者。"

② 螺钿：又称螺甸、螺填、钿嵌、陷蚌、钿螺、坎螺以及罗钿等，螺钿是中国特有的传统艺术瑰宝。所谓螺钿，是指用螺壳与海贝（主要是夜光贝，也称夜光蝾螺）磨制成人物、花鸟、几何图形或文字等薄片，根据画面需要而镶嵌在器物表面的装饰工艺的总称。螺钿的"钿"字，据《辞海》中注释，为镶嵌装饰之意。

③ 时样：指时式，时新的式样；时尚。

④ 汝窑：宋代五大名窑之一，因窑址位于宋时河南汝州境内而得名，今河南省宝丰县大营镇清凉寺村和汝州市张公巷均发现汝窑烧造。汝瓷位居宋代"汝、官、哥、钧、定"五大名窑之首，在中国陶瓷史上素有"汝窑为魁"之称。汝窑是中华传统制瓷著名瓷种之一，中国北宋时期皇家主要代表瓷器。

⑤ 楪（dié）：古同"碟"，盛食物的小盘。

⑥ 动使：日常用的器具。

⑦ 拨（zùn）：推。

⑧ 闹竹竿：闹竿，一种悬挂各种玩具或诸色杂货的竹竿。

螺钿玩物、时样漆器、新窑青器、汝窑碟碟、桂浆合伏、犀皮动使、合色凉伞、小银枪刀、诸般斗笠、打马象棋、杂彩推球、宜男扇儿、土宜粟粽、悬丝狮豹、土宜巧粽、杖头傀儡、宜男竹作、锡小筵席、杂彩旗儿、单皮鼓、大小采莲船、番鼓儿、大扁鼓、道扇儿、耍三郎、泥黄胖、花篮儿、一竹竿、竹马儿、小龙船、糖狮儿、檐前乐、打马图、闹竹竿（有的非常精细，是用七宝、犀角、象牙制成）。

赶趁船，卖客①弟子②，撮弄③泥丸，咸酸蜜煎，旋造羹汤，唱耍令④，学像生⑤，弄傀儡，般⑥杂班⑦，瓶掇酒，点江茶⑧蔬菜。关扑船亦不少。

【译】在赶趁船上，妓女和歌舞艺人摆弄着泥丸、售卖着咸酸蜜煎、烹制着羹汤，还有表演耍令、像生、弄傀儡、杂扮等。船上客人点上酒、江茶和蔬菜，一边吃喝一边看演出。这样的关扑船有不少。

---

① 卖客：妓女。

② 弟子：戏剧、歌舞艺人。亦可指妓女。

③ 撮弄：摆布；捉弄。

④ 耍令：唐宋时期一种说唱或兼伴舞的民间伎艺。

⑤ 学像生：宋元时期杂艺的一种，以模仿各种声音与动作娱悦观众。

⑥ 般：表演。

⑦ 杂班：杂扮。

⑧ 江茶：宋代对江南诸路茶的统称。

寒食节

　　寒食①前后，西湖内画船②布满，头尾相接，有若浮桥。头船、第二船、第三船、第四船、第五船、槛船、摇船、脚船③、瓜皮船④、小船，自有五百余只。南山、北山⑤龙船数只。自二月初八日下水，至四月初八日方罢。沓浑木、拨湖盆⑥，它郡皆无。节日，大船多是王侯、节相府第及朝士⑦赁了，余船方赁市户⑧。

　　【译】寒食节前后的这段时间，西湖内布满了装饰华美的游船，头尾相接，就像湖中的浮桥一样。有头船、第二船、第三船、第四船、第五船、槛船、摇船、脚船、瓜皮船、小船，有五百余只。南山、北山还有很多只龙船。船只自二月初八开始下水，直到四月初八才停止。沓浑木、拨湖盆这些小船

---

① 寒食：指寒食节，在夏历冬至后105日，清明节前一二日。是日初为节时，禁烟火，只吃冷食。在后世的发展中逐渐增加了祭扫、踏青、秋千、蹴鞠、牵勾、斗鸡等风俗活动，寒食节前后绵延两千余年，曾被称为中国民间第一大祭日。

② 画船：装饰华美的游船。

③ 脚船：小船。

④ 瓜皮船：又称"瓜皮艇"，一种简陋小船。

⑤ 南山、北山：杭州西湖有南山路、北山路，这里或指两路附近的水域。

⑥ 沓浑木、拨湖盆：皆小船名。

⑦ 朝士：指朝廷之士，泛称中央官员。

⑧ 市户：商家。

在其他州郡是没有的。节日期间，大船大多被王侯、节相府第及中央官员租赁了，剩下的船才租赁给商家。

岸上游人，店舍盈满。路边搭盖浮棚，卖酒食也无坐处，又于赏茶处借坐饮酒。南北高峰诸山寺院、僧堂、佛殿，游人俱满。都门闲夜①更深②、游人轿马尽绝，门方闭。

【译】岸上的游人、店舍宾客非常多。路边搭盖起浮棚，卖酒食的地方也没有座可坐，只好到赏茶处借坐来饮酒。南北高峰及诸山的寺院、僧堂、佛殿，游人也满了。都城城门直到夜深且游人、轿子和马全都不见了踪影的时候才关闭。

春教③

马步军都总管④、京尹⑤节制⑥本府厢禁军⑦，副总管数

---

① 闲夜：静夜。

② 更深：夜深。

③ 春教：指春季的军事演习。

④ 都总管：宋辽官名。宋马、步军都总管由节度使充任。辽因之，五京、五州设都总管府，设置都总管、副总管。

⑤ 京尹：治理国都的官员，这里指临安知府。

⑥ 节制：指挥，管辖。

⑦ 厢禁军：负责京城警卫的军队称禁军，负责诸州地方警卫的称厢军。

员。路钤^①路分^②、正将、监押^③、帐前统领、拨发官^④、隅官^⑤、帐前使臣^⑥、六局^⑦，提拔二百余员。

【译】春季军事演习时，马步军都总管、京尹节制本府厢禁军，另设几名副总管员。诸路的路钤、正将、监押、帐前统领、拨发官、隅官、帐前使臣以及六局，挑选给两百余人参与演习。

钱塘县尉司^⑧、仁和县尉司、城东都巡检使、城西都巡检使^⑨、外沙巡检、茶槽巡检、海内巡检、管界巡检、南荡巡检、碌石巡检、赭山巡检、许村巡检、黄湾巡检、东梓巡检、奉

① 路钤（qián）：路一级武官名。

② 路分：宋元时路制的区域范围。

③ 监押：宋代时诸路有兵马监押，为统兵官，掌管本路军旅屯戍、营防、训练之政令。

④ 拨发官：宋设置拨发司，掌管京西部分州县自蔡河起发纲运，输往京城开封事宜。始设蔡河拨发司，后改名蔡河拨发催纲司，置拨发官。

⑤ 隅官：边地官员。

⑥ 使臣：专管缉捕的官员。

⑦ 六局：隋殿内省和唐宋殿中省设置尚食、尚药、尚衣、尚舍、尚乘（宋为尚醖）、尚辇等六局，掌管宫廷之供奉。

⑧ 县尉司：宋朝于诸县置，掌统领本县弓手，肃清乡村贼盗并受理斗讼，由县尉主其事。

⑨ 都巡检使：巡检司武官，始设于五代后唐庄宗。宋时于京师府界东西两路，各置都同巡检二人，京城四门巡检各一人。又于沿边、沿江、沿海置巡检司。掌管训练甲兵、巡逻州邑，职权颇重，后受所在县令节制。

口巡检，各带士兵一二百人入都，辖总辖①缉捕②。各有鼓乐，各用马军，受宣军员骁骑③，呈武艺。大军合教终日，犒赏毕，放教于路，各施呈武艺，正近遇娑（"娑"字误，然不能定其为何字）。除烧香，都城自有百余社，各迎引。

【译】钱塘县尉司、仁和县尉司、城东都巡检使、城西都巡检使、外沙巡检、茶槽巡检、海内巡检、管界巡检、南荡巡检、硖石巡检、赭山巡检、许村巡检、黄湾巡检、东梓巡检、奉口巡检，各自带领士兵一两百人进入京城，隶属总提辖节制。各军都有各自的鼓乐，各用各自的马军，受宣召的军员和骁骑，呈献武艺。大军会合演习一天，领完犒赏后，他们在京城大路上演习，各自呈献武艺，□□□□。除了烧香的社陌，京城还有百余个社陌，各自迎引军士。

东岳④ 生辰

都城社陌甚多，一庙难著诸社酧献，或在城吴山行宫⑤

---

① 总辖：宋代军职总提辖的省称。

② 缉捕：这里指节制。

③ 骁骑：武官名。宋元时有骁骑尉。一说骑着骏马。

④ 东岳：东岳大帝，又名泰山神，其身世众说纷纭，有金虹氏说、太昊说等。在传统汉族神话中，官方正统之中，泰山是青帝太昊的司职之一，故青帝又称东帝，为泰山神。在汉族民间传说中东岳大帝是主管世间一切生物（植物、动物和人）出生大权的。泰山神作为泰山的化身，是上天与人间沟通的神圣使者，是历代帝王受命于天，治理天下的保护神，成为汉族民间宗教信仰之一。

⑤ 行宫：这里指外地供奉东岳大帝的庙宇。

烧香，或在城南坛山烧香，或在城北临平行宫烧香，或在城东汤镇行宫烧香，或就城西法华山行宫烧香，诣庙皆如此。社陌朝拜，钱幡①社至日开正阳门②，献钱幡三五十首，高者有二丈长，献物在外。孟夏，车驾诣景灵宫朝献同前。

【译】都城的社团是非常多的，一座庙难以容纳很多社团来供神，有的在城内吴山行宫烧香，有的在城南坛山行宫烧香，有的在城北临平行宫烧香，有的在城东汤镇行宫烧香，有的到城西法华山行宫烧香，前往各个庙烧香的礼仪都是一样的。社团朝拜的当天，钱幡社开正阳门，献钱幡三五十首，高的有两丈长，张挂在外面。农历四月的时候，车驾前往景灵宫朝献的场景与此相同。

---

① 钱幡（fān）：祭祀用的缀着纸钱的彩幡。

② 正阳门：杭州凤山门，古代杭城的南大门。南宋王朝于绍兴二十八年在凤凰山一带筑皇城，又筑外城，城门十三座，此地大内北门和宁门。南宋末，元兵进占杭城，未几，宋宫毁于火，门毁。

遇补年 ①

　　天下待补进士 ②，都到京赴试。各乡奇巧土物，都担戴来京都货卖，买物回程。都城万物皆可为信。

　　【译】遇上补年的时候，全国待补的乡贡进士，都到京城参加考试。他们带着家乡的稀奇之物和土特产到京城售卖，然后再在京城买商品返乡。京城的所有商品都可以信赖的。

混补年

　　诸路士人 ③ 比之寻常十倍，有十万人纳卷 ④，则三贡院 ⑤

---

① 补年：南宋时，太学需要不断补充学员，初定每年春秋两次考试招生，不久改为一年一补，后改成三年一试。太学招生初沿袭北宋的州学升贡法，凡在本州学修满一年，三试中选，可送太学肄业。孝宗乾道年间（公元1165—1173年），又定混补法，即每三年一度的科举考试的落第举人皆可参加太学的升学考试，合格者补入太学。一时考生大增，乾道二年（公元1166年），时京赴试者达3.7万余人。孝宗淳熙后，以应试者过多，又立"待补"之法，规定各州参加太学考试的人，只能是省试落第者的10%~20%。

② 进士：这里指乡贡进士。地方的州县官吏（如泉州府学）依据私学（如最早泉州私学潘湖仁颖书院前身仁颖书舍）养成的士人，经乡试、府试两级的选拔，合格者被举荐参加礼部贡院所举行的进士科考试，而未能擢第者则称为"乡贡进士"。

③ 士人：读书人。这里指考生。

④ 纳卷：这里指参加考试。

⑤ 贡院：科举时代士子考试的场所。南宋时期，贡院的数量明显增多。在杭州新建了礼部贡院，各有房子一千间，为考生应试场所。此外，还有别试院、州贡院和两浙漕司贡院三座贡院。

驻著诸多。士子权^①借仙林寺、明庆寺、千顷寺、净住寺、昭庆寺、报恩观、元真观。太学、武学、国子监，皆为贡院，分经入试。每士到京，须带一仆；十万人试，则有十万人仆，计二十万人，都在都州北权歇。盖欲入试近之故也。可见都城之大。

【译】遇上混补年的时候，来自各地的考生是平常的十倍，有十万人参加考试，在三贡院暂住的非常多。还有些考生暂且借住仙林寺、明庆寺、千顷寺、净住寺、昭庆寺、报恩观、元真观等寺观。太学、武学、国子监，都成为考场，分别来安排考试。每一位考生来京城，都必须带一个仆人；十万考生进京考试，则有十万个仆人，总计二十万人，都在京城北面暂住，大概从那里去考场近的缘故。由此可见京城很大。

佛生日^②

府主^③在西湖上放生亭设醮祝延^④。圣寿^⑤作放生会，士

① 权：权且，暂且。

② 佛生日：佛诞节，是佛祖释迦牟尼诞辰，在每年农历四月初八。

③ 府主：州府长官，此指临安知府。

④ 祝延：祝人长寿，吉庆辞。指消灾吉祥，祝福延寿。渐融入祝贺、报恩、追善的目的。

⑤ 圣寿：皇帝的年寿和生日。

民^①放生会亦在湖中。船内看经、判斛^②、放生；游人湖峰上买飞禽、乌龟、螺蛳放生。诸尼寺僧门桌上扎花亭子并花屋，内以沙罗^③盛金佛一尊，坐于沙罗内香水中，扛抬于市中。宅院、铺席诸人浴佛^④求化^⑤。亦有男僧^⑥不佛^⑦，不入人家求化。

【译】佛祖寿辰这天，临安知府在西湖放生亭内安排仪式祝寿。佛祖寿辰有放生会，百姓放生会也在湖中举行。在船内看经、施舍食物、放生；有的游人到湖边的山峰上买飞禽、乌龟、螺蛳去放生。各个尼寺和僧门桌上扎花亭子和花屋，里面用纱罗来盛一尊金佛，放在纱罗内的香水中，抬到街市中供人观赏。各宅院、铺席的人们都浴佛募化。也有和尚不守规矩，不到百姓家去募化。

---

① 士民：犹言士庶，泛指人民、百姓。

② 判斛：指和尚祭悼亡魂时，将面食分散给鬼魂。

③ 沙罗：纱罗。一种古老的制作工艺，全部或部分采用条形绞经罗组织特殊工艺形成的织物，由于纱罗多以蚕丝做原料，工艺复杂独特，用它制作的织物较绫、绸、缎更为名贵，古时多为皇家贵族所用。

④ 浴佛：浴佛节，又称佛诞日。传说释迦牟尼降生时一手指天、一手指地，大地为之震动，九龙吐水为之沐浴。根据习俗，这一天佛教寺院内都要举行"浴佛"活动，该活动的主旨是提醒人们时时要保有一颗清净心，观照自己的心是否清净。

⑤ 求化：犹募化。指和尚、道士等求人施舍财物。

⑥ 男僧：和尚。

⑦ 不佛：不遵守佛教规矩。

天笠① 光明会

递年浙江诸富家舍钱作会，烧大烛数条如柱，大小烛一二千条，香纸不计数目。米面、碗碟、匙箸、扇子、蒲鞋、条帚②、扫帚、灯芯、油盏之类俱备，斋僧③数日，满散④出山。

【译】每年的天竺光明会浙江的富家都会捐钱作会，点燃很多条像柱子一样粗的大蜡烛，大小蜡烛有一两千条，香纸也不计其数。此外米面、碗碟、汤匙、筷子、扇子、蒲鞋、笤帚、扫帚、灯芯、油盏之类都很齐备，设斋食供养僧众很多天，佛事期满后出山。

---

① 天笠：应为"天竺"，即天竺寺。位于浙江杭州西湖的天竺山的南麓，始建于后晋天福七年（公元942年），号西明院。据旧县志载：四十七都名张钢世业今呈县别兴西门院，召僧住持，知县谭礼给圖。宋大中祥符间改今额，后圮。度宗五年，少傅右丞相兼枢密使叶梦鼎损金卜宅。五世孙仁贤，舍宅赠地三百余亩为寺。明景泰三年重建。至清初，刹宇连阡，巍峨辉煌。比丘、比丘尼达百数十人，终日诵经说法，焚香拜礼。

② 条帚：笤帚。

③ 斋僧：设斋食供养僧众。初设斋僧的原意在于表明信心、皈依，后渐融入祝贺、报恩、追善的目的。我国唐代斋僧法会极为盛行，曾举行万僧斋。

④ 满散：作佛事或道场期满谢神的一种仪式。

或遇进书

五府①隔夜观书，次日习仪②。夜自秘书省前烧糁盆③，密布到内前，至五更引迎。前用香案、彩亭、法物、仪仗，红纱栀子行灯二百盏，两行列亲从禁卫两侍，中道数十。朱红匣盛书在内，用销金④龙图⑤袱盖⑥，百官从行，五府在后，人内进呈⑦。圣上观看毕，午后方回秘省⑧奉安⑨。

【译】遇到给圣上进献新书的时候，五府的官员要连夜观书，次日演习礼仪。夜里自秘书省前烧糁盆，密布到皇宫大内前，到五更时才引迎。前面用香案、彩亭、法物、仪仗，红纱栀子行灯两百盏，两边站立着亲从和禁卫，中道有数十人。用朱红匣子盛书，用销金的绘有龙形的织物覆盖书，百官随行，五府的官员在后，官员们进入大内恭敬地献上新书。圣上看书完毕，午后官员们才回到秘省将书供奉起来。

① 五府：南宋文人赵升在《朝野类要·称谓》中认为五府是指"两参政，三枢密"。

② 习仪：演习礼仪。

③ 糁（shēn）盆：又称粗盆、生盆，焚烧木柴、竹叶的火盆。

④ 销金：用特殊工艺在织物上添加极薄黄金装饰。

⑤ 龙图：指龙形图案。

⑥ 袱盖：覆盖。

⑦ 进呈：恭敬地献上。

⑧ 秘省：秘书省的省称。

⑨ 奉安：安置神像、神位等。

端午节

　　扑卖诸般百索[①]，小儿荷戴，系头子、或用彩线结、或用珠儿结。初一日，城内外家家供养，都插菖蒲[②]、石榴、蜀葵花[③]、栀子花之类，一早卖一万贯花钱不啻[④]。何以见得？钱塘有百万人家，一家买一百钱花，便可见也。酒果、香烛、纸马、粽子、水团[⑤]，莫计其数，只供养得一早，便为粪草。虽小家无花瓶者，用小坛也插一瓶花供养，盖乡土风俗如此。寻常无花供养，却不相笑，惟重午[⑥]不可无花供养。端午日

---

① 百索：端午节吉祥饰物。亦称续命缕、续命丝、延年缕、长寿线、辟兵绍、五色线、五彩缕等，名称不一，形制、功用大体相同。由来于五行观念、文身之俗。其俗在端午节以五色丝结而成索，或悬于门首，或戴小儿项颈，或系小儿手臂，或挂于床帐、摇篮等处，俗谓可避灾除病、保佑安康、益寿延年。古时端午节辟邪彩带之俗。每至端午节（农历五月初五），门悬艾虎，头饰钗符，臂系百索，以辟邪。

② 菖蒲：也叫白菖蒲、藏菖蒲。多年生草木，根状茎粗壮。叶基生，剑形，中脉明显突出，基部叶鞘套折，有膜质边缘。生于沼泽地、溪流或水田边。菖蒲可以提取芳香油，有香气，是中国传统文化中可防疫驱邪的灵草，端午节有把菖蒲叶和艾捆一起插于檐下的习俗；根茎可制香味料。

③ 蜀葵花：为锦葵科植物蜀葵的花朵。原产于中国，因在四川发现最早故名蜀葵。医药功效可以和血润燥、通利二便。

④ 不啻（chì）：不止。

⑤ 水团：用糯米粉制成的团子。

⑥ 重午：旧时称端午。

仍前供养。角黍①，天下惟有是都城将粽揍成楼阁、亭子、车儿诸般巧样。开铺货卖，多作劝酒，各为巧粽。

【译】端午节的时候，扑卖有各种百索，小孩子佩戴在身上，或系在头上、或用彩线打结、或用珠儿打结。初一这一天，城内外家家都供养着，都插菖蒲、石榴、蜀葵花、栀子花之类，一早卖花钱超过一万贯。怎么能看得出呢？钱塘有百万余人家，每家买一百钱花，就由此可知。酒果、香烛、纸马、粽子、水团等，都不计其数，但是只供养一个早晨，便为粪草。小户人家即使没有花瓶，也用小坛插约一瓶的花来供养，因乡土风俗就是这样的。平常时候没有花供养是不会被人嘲笑的，但端午节不能没有花供养。端午节这一天仍然像之前一样供养。粽子，天下也只有京城会把粽子做成楼阁、亭子、车儿等各种精巧的形状吧。街市店铺售卖的应节物品，大多售卖的是下酒菜，各自也都有精巧的粽子。

茉莉盛开城内外，扑戴朵花者，不下数百人。每妓须戴三两朵，只戴得一日，朝夕如是。天寒，即上宅院亦买戴。盆种者，官员馈送诸府第。娇马遇重午，都戴合色头须。

_____

① 角黍：今称"粽子"。主要材料是糯米、馅料，用箬叶（或柊叶、菰古子叶等）包裹而成，形状多样，主要有尖角状、四角状等。粽子由来久远，最初是用来是祭祀祖先神灵的贡品。南北叫法不同，北方产黍，用黍米做粽，角状，古时候在北方称"角黍"。由于各地饮食习惯的不同，粽子形成了南北风味；从口味上分，粽子有咸粽和甜粽两大类。

【译】茉莉花在城内外盛开时，采花而戴的，不下几百人。每名妓女须戴两三朵，只戴一天，早晚如此。天冷时，就到宅院里种花的人家买花戴。盆栽的花，官员们用来相互馈送各府第。端午节时，娇贵的马都用彩色的头须装饰。

荷花开，纳凉人多在湖船内，泊于柳荫下饮酒，或在荷花茂盛处园馆之侧。朝乡会①亦在湖中，或借园内。

【译】荷花开时，纳凉的人多在湖船里，停泊在柳荫下饮酒，有的在荷花茂盛的园馆的侧面畅饮。京城的同乡会也在湖中进行，也有的在园馆里。

遇少年当殿唱名②

丽正门③唱出状元来三人：第一名状元，第二名榜眼，第三名探花郎。每有个各有黄旗百面相从④，戴羞帽，执丝鞭⑤，骑马游街。武状元亦如此。前名人黄旗，亦有多骑马。迎引富者虽各项，亦如此迎引。名（上言前名人，即名次在前者，此是名在后者，故有骑马、垂轿之异）后者多乘轿，

---

① 乡会：古代在京城的同乡官吏和文人的集会。

② 唱名：科举时代殿试后，皇帝呼名召见登第进士，称唱名。

③ 丽正：宋元时京师内城的正南门。

④ 相从：指跟随，在一起。

⑤ 丝鞭：丝制的马鞭。

旗亦少，惟状元递人^①期集所^②，状元局^③执事^④尤多。

【译】遇到少年当殿唱名，在丽正门喊来状元等三人：第一名叫状元，第二名叫榜眼，第三名叫探花郎。每人后面都跟随着百余面黄旗，各戴羞帽，手执丝制的马鞭，骑马游街。武状元也是一样的。名次在前的身后有黄旗，也是骑马。迎引的富人虽然各异，但也是这样来迎引。名次在后的（前面说前名人，即名次在前者，此处指名在后者，故有骑马、垂轿之异）大多乘轿，黄旗数量也少，只有服侍状元的役卒在期集院，状元局的执事则格外多。

福州新荔枝

福州新荔枝到进上，御前送朝贵，遍卖街市。生红为上，或是铁色^⑤。或海船来，或步担^⑥到。直卖至八月，与新木

---

① 递人：指驿站的役卒。

② 期集所：期集院，新科进士聚会的地方。五代王定保《唐摭言·谢恩》："饮酒数巡，便起赴期集院。"

③ 状元局：南宋时，新科进士们赴"丰乐赐宴"前，都要去现在延安路灯芯巷附近的原祥福寺里逗留安顿，当时这里也被称为"状元局"。他们在这里玩起博弈游戏，很是热闹。

④ 执事：这里指供役使者，仆从。

⑤ 铁色：青黑色。像铁一样的颜色。

⑥ 步担：徒步挑担。

弹^①相接。

【译】福州的新荔枝送到京城进献给皇上，皇上赏赐给朝廷的权贵们，之后街市就随处都有售卖了。颜色鲜红的荔枝最好，或是青黑色。有的是从海船运来的，有的是徒步用担子挑来的。一直可以卖到八月，到那时新桂圆也接着上市了。

崔府君生辰

六月初六日，崔府君^②生辰。庙在湖上涌金门外，显应观者是，社火亦然。有烧香者不少，金橘团^③最盛。

【译】六月初六这一天，是崔府君的生辰。他的庙在西湖边涌金门外，也就是显应观，香火非常旺。有很多烧香的人，其中金橘团的人最多。

诸般水名

漉^④梨浆、椰子酒、木瓜汁、皂儿水、甘豆糖、绿豆水、裻（按，"裻"字疑误，字书有"袯"字，长衣也）苏饮、

---

① 木弹：桂圆。

② 崔府君：中国民间信仰的神仙之一。在中国各地建有崔府君庙。崔府君，姓崔名珏，字子玉，隋唐时期鼓城县（故治今河北晋州老城区）人。

③ 金橘团：指一个社陌团体。

④ 漉：过滤。

缩脾饮①、卤梅水、江茶水、五苓散②、大顺散③、荔枝膏、梅花酒、白水、乳糖真雪④。富家散暑药冰水⑤。

【译】各种饮料名：漉梨浆、椰子酒、木瓜汁、皂儿水、甘豆糖、绿豆水、襄（按，"襄"字疑误，字书有"祢"字，指长衣）苏饮、缩脾饮、卤梅水、江茶水、五苓散、大顺散、荔枝膏、梅花酒、白水、乳糖真雪。富贵人家消暑喝药冰水。

盆种

荷花、素馨⑥、茉莉、朱槿、丁香藤。

【译】盆栽的花有：荷花、素馨、茉莉、朱槿、丁香藤。

---

① 缩脾饮：一种清暑气、除烦渴、止吐泻霍乱及暑月酒食所伤等状况的中成药。主要成分有干葛、乌梅、砂仁、草果、炙甘草、扁豆等。

② 五苓散：一种中成药，有温阳化气、利湿行水作用。用于膀胱化气不利、水湿内聚引起的小便不利、水肿腹胀、呕逆泄泻、渴不思饮。主要成分有茯苓、泽泻、猪苓、桂枝、白术（炒）等。

③ 大顺散：一种中成药，用于治冒暑伏热、引饮过多、脾胃受湿、水谷不分、清浊相干、阴阳气逆、霍乱吐泻。主要成分有干姜、桂、杏仁、甘草等。

④ 乳糖真雪：似在碎冰之上洒上炼乳。

⑤ 药冰水：指熬制好的中药冰镇后再喝。

⑥ 素馨：灌木花木犀科、素馨属的一种花。小枝圆柱形，具棱或沟。叶对生，花序中间之花的梗明显短于周围之花的梗；花芳香；花萼无毛，裂片锥状线形，果未见。本种花芳香而美丽，常栽培供观赏。世界各地广泛栽培。

夜市

白壳鸡头^①、美醋姜虾、薤花茄儿、甜瀣海蜇、椒醋玅子、红瀣饀�饳、沫肉瀣淘、银丝冷淘、百花棋子、莲藕瀣、姜油两、麻脯鸡、芥辣蹄、红姜豉、粟米粥、蜜薄脆、糖瓜瀣、宽焦饼。夜市卖七宝姜粥。

【译】 夜市卖的食物有：白壳芡实、美醋姜虾、薤花茄儿、甜瀣海蜇、椒醋玅子、红瀣饀饳、沫肉瀣淘、银丝冷淘、百花棋子、莲藕瀣、姜油两、麻脯鸡、芥辣蹄、红姜豉、粟米粥、蜜薄脆、糖瓜瀣、宽焦饼。夜市还卖七宝姜粥。

殿司^②诸军水教于白洋湖^③中，各呈武艺，如在平地。御前军头司^④内等子，每晚演手相扑，今有剑棒手数对打熬^⑤。

---

① 鸡头：鸡头米，芡实的别称。睡莲科芡属一年生水生草本植物。沉水叶箭形或椭圆肾形，浮水叶革质，椭圆肾形至圆形，叶柄及花梗粗壮，花内面紫色；萼片披针形，花瓣紫红色矩圆披针形或披针形，浆果球形，污紫红色，种子球形，黑色。分布中国南北各省，生于池塘、湖沼中。

② 殿司：殿前司，宋官署名，与侍卫司分统禁军。

③ 白洋湖：又名白洋池、南湖，位于浙江杭州城墙内武林门、艮山门附近，为杭州历史上存在的湖泊，约在南宋末期消失。

④ 御前军头司：南宋官署名，后与引见司合并，称御前忠佐军头引见司。掌供奉便殿禁卫、诸军检阅、引见、分配之政。及皇帝外出遇有陈诉时，问明情况回奏。

⑤ 打熬：支撑，忍耐。这里指格斗。

明堂^①年，大军修启，自太庙前器路至内南门，大礼^②年，直置邦郊。台下人之唱歌声曲，两司不时犒设^③，两岸居民亦有犒赏。

【译】殿前司的军队在白洋湖中演习水战，各自呈献武艺，就像在平地一样。御前军头司的禁卫军，每晚表演手相扑，如今有好几对剑棒手表演格斗。在明堂宣教的年份，大军启程出发，从太庙前的器路直到大内的南门，在大礼的年份，就要一直到京城的郊外了。台下有人唱歌唱曲，两司时时进行犒享，两边的居民也都有犒赏。

街市扑蒲合^④、生绢背心、黄草布衫、苎布背心；扑黑伞、花手巾、凉伞、凉簟^⑤、凉枕、紫纱裙、凉鞋。暑月多于宽阔处避暑纳凉。

【译】街市上到处都有卖蒲合、生绢背心、黄草布衫、苎布背心的；还有很多卖黑伞、花手巾、凉伞、凉簟、凉枕、紫纱裙、凉鞋的。暑月里，很多人都在宽敞开阔处避暑纳凉。

---

① 明堂：古代帝王用于布政、祭祀的重要礼制建筑。

② 大礼：一种隆重的礼仪。古代宫廷迎送宾客时，以祭祀天、地、鬼神等礼为大礼。中国民间交际往来，亦行此礼，表示尊敬，全国各地普遍流行。此俗今已不存。

③ 犒设：犒享，慰劳。

④ 蒲合：用蒲草编的席子。

⑤ 簟（diàn）：竹席。

十三军大教场、教奕军教场、后军教场、南仓内、前权子里、贡院前、佑圣观前宽阔所在，扑赏并路岐人^①在内作场。行七圣法^②，切人头下，卖符，少间^③依元^④接上。畓傲子^⑤、吞剑、取眼睛、大里捉当、三钱教鱼跳刀门、乌龟踢弄、金翅覆射、斗叶猢狲、老鸦下棋、蜡嘴舞斋郎^⑥、鹌鹑弩、教熊使棒、相棒、王宣弄面、打一丈方饼。

　　【译】十三军大教场、教奕军教场、后军教场、南仓内、前权子里、贡院前、佑圣观前的宽阔地方，是扑赏和流动卖艺的艺人在里面开场表演的地方。有表演七圣法的，先把人头切下，再卖符咒，一会儿照旧把头接上。还有畓傲子、吞剑、取眼睛、大里捉当、三钱教鱼跳刀门、乌龟踢弄、金翅覆射、斗叶猢狲、老鸦下棋、蜡嘴舞斋郎、鹌鹑弩、教熊使棒、相棒、王宣弄面、打一丈方饼等表演。

---

① 路岐人：宋元时流动卖艺的民间艺人的俗称。

② 七圣法：又叫七圣刀，源流自唐代从西亚传入的祆教（拜火教）下神幻术仪式。北宋时东京每年清明节，诸军向皇帝上演的百戏中，就有此节目。

③ 少间：一会儿；不多久。

④ 依元：依原。照旧；仍旧。

⑤ 畓（duō）傲子：何意不详。

⑥ 蜡嘴舞斋郎：指伎艺人唱着曲儿，引导着一只蜡嘴鸟作傀儡戏。那蜡嘴鸟拜跪起立，酷如人形，跳跳摆摆，模仿着戏剧舞蹈动作，引人发笑。

喝涯词①，只引子弟；听淘真②，尽是村人。打硬底，擘③破铁橄榄④。庆家⑤相扑，猎户。卖山风药铺：虎皮、虎头、虎爪。黄显贵⑥没眼动清乐；林遇仙圣花撮药⑦；天武张擎石球；花马儿掇石墩；廓介酒李一郎野呵⑧小说，处处分数别。亦有促头消息扑弄个瓜涨上桃⑨、婺州⑩角儿。孟秋行幸同前。

【译】唱崖词，只招来子弟。听唱陶真的都是乡下人。打硬底，能擘破铁橄榄。庆家相扑，都是猎户。山风药铺里售卖：虎皮、虎头、虎爪。黄显贵能闭着眼睛演奏清乐；林遇仙擅长表演圣花撮药；天武张擅长投石球；花马儿擅长掇石礅；廓介酒李一郎的野呵小说，每处的种类都不一样。还有促头消息扑弄个凉水果、婺州角儿。孟秋时皇帝出行的

① 涯词：崖词，宋代民间说唱伎艺，如何演唱，缺乏记载，只能从宋代傀儡戏中窥知其大概。

② 淘真：陶真，宋代民间流行的一种说唱伎艺。元、明以至清代，民间还在演唱。

③ 擘：剖裂。

④ 铁橄榄：又称核子钉、枣核箭，为一种外形似橄榄的防身暗器。以手投发射为主，但也有用口劲发射的。

⑤ 庆（11）家：相对于行家，指业余爱好者。以"庆家"来自我标榜，指在表演相扑时，有引人发笑的戏耍性动作。

⑥ 黄显贵：教坊诸色传艺中清乐社筝人。

⑦ 圣花撮药：疑指从一盆花中变出较为名贵的药材。一说圣花、撮药为两种表演形式。

⑧ 野呵：宋代露天演出百戏伎艺的市语。宋代都市中瓦舍勾栏形成以后，民间各种伎艺人多在勾栏内演出，因而许多勾栏也就成为伎艺人卖艺的固定场所。不在勾栏内演出，只在街头空地或广场上作场卖艺，称为"打野呵"。

⑨ 瓜涨上桃：古代夏天时，将水果放入冷水中，以为消夏。

⑩ 婺州：今浙江金华。

场景与此相同。

　　御前扑卖摩侯罗^①，多着乾红背心，系青纱裙儿；亦有着背儿，戴帽儿者。牛郎织女，扑卖盈市。卖荷叶伞儿。家家少女乞巧^②饮酒。

　　【译】七夕节的时候，在皇帝面前扑卖的摩侯罗玩偶，大多穿着深红色的背心，系着青纱裙儿；也有穿着褙儿，戴着帽儿的。牛郎织女的玩偶，满集市都有卖的。也有卖荷叶伞儿的。这一天，各家的少女都在乞巧和饮酒。

　　促织^③盛出，都民好养，或用银丝为笼、或作楼台为笼、或黑退光^④笼、或瓦盆竹笼、或金漆笼，板笼甚多。每日早晨，多于官巷南北作市，常有三五十火斗^⑤者。乡民争捉入城货卖，

---

① 摩侯罗：又作"摩睺罗""摩诃罗"。唐、宋、元代习俗，用土、木、蜡等制成的婴孩形玩具。多于七夕时用，为送子之祥物。语本梵语摩睺罗伽。

② 乞巧：七夕风俗。农历七月七日夜（或七月六日夜），穿着新衣的少女们在庭院向织女星乞求智巧，称为"乞巧"。据说，七姐是天上的织布能手，旧时代妇女向七姐"乞巧"，乞求她传授心灵手巧的手艺；其实，所谓"乞巧"不过是"斗巧"。乞巧的方式大多是姑娘们穿针引线验巧，做些小物品赛巧，摆上些瓜果乞巧，各地汉族民间的乞巧方式不尽相同，各有趣味。近代的穿针引线、蒸巧馍馍、烙巧果子、生巧芽以及用面塑、剪纸、彩绣等形式做成的装饰品等亦是乞巧风俗的延伸。

③ 促织：蟋蟀，俗名蛐蛐、夜鸣虫、将军虫、秋虫、斗鸡等。蟋蟀是一种昆虫，是在古代和现代玩斗的对象。

④ 黑退光：一种描金彩绘的技艺。

⑤ 火斗：伙斗。

斗赢三两个，便望卖一两贯钱。苫生得大，更会斗，便有一两银卖。每日如此，九月尽，天寒方休。

【译】夏季蟋蟀繁殖得非常多，京城的百姓喜欢养，或用银丝为笼，或作楼台为笼，或黑退光笼，或瓦盆竹笼，或金漆笼来养，用板笼养的最多。每天早晨，大多在官巷南北摆摊买卖蟋蟀，常有三五十人聚在一起斗蟋蟀。乡下人都争着捉蟋蟀后卖给城里人，如果斗赢两三个，便有望卖到一两贯钱。有一种叫作"苫"的蟋蟀个头大，更善于斗，能卖到一两银子。每天都是如此，到了九月才结束，天气转寒就捉不到蟋蟀了。

酥蜜裹食①，天下无比，入口便化。扑卖时样翻腾养喂促织盆、诸般口篁②、生馅馒头、鹅鸭包子、相银杏、炒椎栗、方顶柿、盐官枣、玉石榴、红石梅、晚橙、红柿、巧柿、绿柿、榄柿、雪梨、水晶葡萄、太原葡萄。木犀③盛开，东马塍、西马塍园④馆争赏。

【译】酥蜜裹食，天下无比，入口即化。扑卖时尚的翻腾养喂蟋蟀盆、各种口篁、生馅馒头、鹅鸭包子、相银杏、

---

① 酥蜜裹食：疑用米粉或面粉制成的食物，口感酥脆。

② 口篁：疑指小型管乐器。

③ 木犀：常绿灌木或小乔木，叶椭圆形，花簇生于叶腋，黄色或黄白色，有极浓郁的香味。可制作香料。通称桂花。

④ 东马塍（chéng）、西马塍园：均为地名。塍，田间的土埂子。

炒榷栗、方顶柿、盐官枣、玉石榴、红石梅、晚橙、红柿、巧柿、绿柿、榄柿、雪梨、水晶葡萄、太原葡萄。桂花盛开时节，人们争相到东马塍、西马塍园馆去观赏。

或遇宣锁①，全番快行脱膊，或宣内翰②，或宣给事，或宣中书③，戴羞帽，执丝鞭，骑马快行，簇马直到禁中。

【译】有时遇到宣锁，全番快行家光着膀子，或宣内翰，或宣给事中，或宣中书，戴着羞帽，手执丝鞭，骑马快行，簇马直到皇宫。

钱塘江

城内外市户造旗，与水手迎潮，白旗最多，或红或用杂色，约有五七十面，大者五六幅，小者一两幅，亦有挂红者。其间亦有小儿在潮内弄水④。

【译】钱塘江涨潮的时候，城内外的商人举着旗子，与水手一起来迎潮，白旗最多，或用红色，或用杂色，有五七十面，大的旗子五六幅，小的旗子一两幅，也有挂红色的。

---

① 宣锁：宋制，凡拟草除授宰执及重要事项的制诏，由帝王当晚宣召当直翰林学士官面谕，归院后，令内侍锁学士院，禁人出入。

② 内翰：唐宋对翰林学士的称呼。

③ 中书：此指中书舍人，掌管起草诏令，参议政事及侍从、宣旨、慰劳等事。

④ 小儿在潮内弄水：小孩子在弄潮。

这期间也有小孩子在弄潮。

中秋日，使府教水军并战船打阵子，于江内安抚①，在浙江亭上观潮。弄潮人各有钱酒犒设，江岸幕次相连，轿马无顿处。钱塘知县并城南都厢②弹压③。幕次官员亦有钱酒。是夜城中多赏月排会。天气热，宿湖饮酒，待银蟾④出海，到夜深船静，如在广寒宫⑤内。秋教迎新同前。

【译】中秋这一天，使府教水军和战船演习战阵，在江上安抚。游人们在浙江亭上观潮。弄潮人各有钱酒犒享。江岸边的临时帐篷紧紧相连，轿子、马车都没有安顿的地方。钱塘知县和城南都厢严格监控现场。官员们也用钱酒犒享临时帐篷里的人。当天晚上城中有很多赏月宴会。天气热，就饮酒并夜宿在湖上，等到月亮升起、夜深船静的时候，就像在广寒宫里一样。秋季演习和迎新与此相同。

---

① 安抚：安息、抚慰发怒或焦虑的人。

② 都厢：宋初，汴京置四厢都指挥使，分管所辖城厢地区烟火盗贼等事，当时称为厢主。神宗熙宁三年（公元1070年），置勾当左右厢公事所，命京朝官曾历通判、知县者四人分管京城四厢，凡民间斗讼贼盗杖六十以下者可专决，民间称为都厢。南宋临安城内外分南、北、左、右四厢，各置厢官，处理民间诉讼，分使臣十人缉捕在城盗贼，后废城内两厢官，仅城外置两厢。

③ 弹压：军事管制，严格监控。

④ 银蟾：月亮。中国神话传说月中有蟾蜍，故称。

⑤ 广寒宫：中国神话传说中月亮上的宫殿。

外国进大象

　　外国进大象六头、骆驼二头，内有一雌象，叫作"三小娘子"，于荐桥门^①外造象院顿之。每日随朝殿官到门前唱喏，待朝退方回。前有鼓锣各数队、杂彩旗三四十面。象背各有一人，裹帽执钁^②，着紫衫，人从都着衫戴帽。路中敲鼓鸣锣，引入象院。

　　【译】外国进献了六头大象、两头骆驼，其中有一头雌象，叫作"三小娘子"，在荐桥门外建造象院来安顿它们。每天随去宫殿上朝的官员一起到宫门前唱喏，等到退朝后才回象院。大象的前面有数队鼓锣、举三四十面杂彩旗。大象背上各有一人，裹帽持钁，身穿紫衫，随从人员都穿衫戴帽。在路上敲鼓鸣锣，将大象引入象院。

---

① 荐桥门：清泰门，是杭城古代的东门，南宋初，在其南面另辟一门叫崇新门，门近荐桥，因此亦名荐桥门。南宋末元初时至元十三年（公元1276年），元兵攻占杭州城，城门毁。

② 钁（jué）：方言，一种形似镐的刨土农具。这里指一种兵器。

大礼斗^①

合用五辂^②，差五使提举^③一行事务。大礼使、仪仗使、礼仪使、卤簿使、桥道顿递使。差带御器械并环卫官，权门外都巡检，便全装衣甲，内外巡警，待驾宿太庙内。六班戴帽子，帽子上戴五指阔乾红罗头帉，骑马带甲，着锦缬^④衫，上着打甲包（或绯、或绿）。马亦带甲，次班亦带帽，帽上有阔五指紫罗头帉，着锦衫，或有帽子，有珍珠姜芽带者。御龙直裹珍珠头，中巾瓜角儿。寻常从驾裹乾天角幞头，捧浑金纱罗、金洗嗽、金提量、玉柱斧、黄罗扇之类。行门^⑤击静鞭，骑御马，教骏，笼御应马^⑥。御厨使，进御膳，后苑供进泣紫萦（二字不可解）。

【译】明堂大礼的时候，按规制要用五辂，派五使执行一切事务。五使为大礼使、仪仗使、礼仪使、卤簿使、桥道顿递使。派带御器械和环卫官，暂代门外都巡检之职，全副武装，披戴衣甲，在内外警卫巡视，以候皇上暂宿在太庙内。

---

① 大礼斗：疑有讹误。这里应指明堂大礼。

② 五辂（lù）：古代帝王所乘的五种车子，即玉辂、金辂、象辂、革辂、木辂。

③ 提举：这里指执行。

④ 缬（xié）：一种染花的丝织品。

⑤ 行门：与快行类似的御前侍奉人员。

⑥ 笼御应马：驱赶御前骏马，使之前行。

六班军士戴帽子，帽子上还戴着五指宽的深红色的彩绘绢饰，骑马披甲，身穿锦缬衫，上穿打甲包（或红色或绿色）。马也披甲，次班军士也戴帽，帽上有五指宽的紫彩绘绢饰，身穿锦衫，有的人戴帽子，上面装饰珍珠姜芽带。御龙直军士头裹珍珠头，中巾瓜角儿。普通随驾人员则头裹乾天角幞头，捧着浑金纱罗、金洗漱、金提量、玉柱斧、黄罗扇一类的器物。御前侍奉人员负责挥击静鞭，乘骑御马，调教御马，驱赶御前骏马。御厨使负责进献御膳，后苑负责供进泣蒙。

五辂：玉辂、金辂、木辂、革辂、象辂。前一月濂车，车上一人鸣鼓。始初以一千斤铁压车，添至一万斤方住，才出玉辂，闪试[1]辂下搜索。班直戴耳不闻帽子[2]，着青罗衫、青绢袜头裤，着青鞋，裹紫罗头巾，内着绯锦缬衫，全似大神，手扶青锦，索拽玉辂。四辂不进呈，唯有玉辂进呈。内试[3]至日绝早[4]，辂下一行职事官率[5]住[6]车辂院头，玉辂直至太庙前。诸职事官登辂，少立下辂，四人御乐于玉辂上。御

---

① 闪试：指对车辆适应突然变化能力的测试。

② 耳不闻帽子：指宋元时期俗称缀有护耳的暖帽。

③ 内试：指科考中的殿试。

④ 绝早：极早。

⑤ 率：一起。

⑥ 住：应作"往"。

座侧左右侍立①，玉辂复回，入丽正门进呈，立殿门外。圣上垂帘殿门，上看毕驾兴②玉辂回车辂院。

【译】五辂有：玉辂、金辂、木辂、革辂、象辂。前一辆是月濂车，车上有一个人敲鼓。起初以一千斤铁压车，添至一万斤才停止，这时才出玉辂，闪试辂下的搜索。御前当值的禁卫军戴耳不闻帽子，穿青罗衫、青绢袜头裤，穿青鞋，裹紫罗头巾，内穿红色锦缬衫，全部如神仙一般，手扶青锦，索拽玉辂。其余的四辂不进呈，只有玉辂才进呈。殿试当天一大早，辂下一群职事官一起前往车辂院，驾着玉辂一直到太庙前。这些职事官登上玉辂，少部分人站在玉辂下，有四人在玉辂上演奏音乐。御座左右有卫士恭敬地站在两边，玉辂再回来，进丽正门进呈，停在殿门外。皇上在殿门上隔着帘子观看，看后皇上准许玉辂返回到车辂院。

行礼日，隔日，日有辂于太庙前辂屋下，许万民观看。来日③驾幸景灵宫，回宿太庙。是夜，自太庙前烧糁盆，直至郊台。沿路一件法物，间糁盆一个，两件一般。幕次不容针，职事官往来尽着方心曲领法服，都戴貂蝉冠。次日，主上乘玉辂至郊台青城殿，候三更上坛行礼。事毕，驾复回内。

---

① 侍立：指恭敬地站在上级或长辈左右侍候。

② 兴：准许。

③ 来日：第二天。

至晓，主上登门放赦①，近侍②邀圣驾，禁卫簇拥，乐官前引，一派乐声。递至丽正门，上登御座，御龙直卷帘，抬起黄罗伞，五府立内侍，围绕看十将③抢金鸡④。大理寺、临安府狱子押戴花枷罪人至内门下。待阁门读赦书毕，狱子奏圣躬⑤万福，山呼谢恩了，开枷放罪人，罪人叫快活，赦天下。驾兴，宰执⑥退，百官出，一派乐声，前引禁卫，驾回銮。冬孟，驾诣景灵宫，同前。

【译】行礼日，第二天，白天都有车辂在太庙前的辂屋下，准许万民来观看。第二天圣驾前往景灵宫，回来在太庙住宿。这天晚上，从太庙前开始烧糁盆，一直到郊外的祭台。沿途每两件法物之间，放置一个糁盆。两边的临时帐篷密得连针都容不下。往来的职事官全都穿着方心曲领法服，都戴貂蝉冠。第二天，皇上乘玉辂到郊外祭台青城殿，等到三更时分上坛行礼。礼毕，皇上再回到皇宫。到天亮时分，皇上登上城门释放赦免，侍从邀请圣驾，禁卫保护着，乐官在前面导引，乐声一片。一直到丽正门，皇上坐上御座，御龙直军士卷帘，抬起黄罗伞，五府官员站在里面侍奉，围绕着看

---

① 放赦：释放赦免。

② 近侍：对帝王亲近侍奉；亲近帝王的侍从之人。

③ 十将：宋朝军队低级统兵官。隶属都（连）一级统兵官，即由步兵部队的都头、副都头或骑兵部队的军使、副兵马使管辖，位置在军头下，将虞候上。

④ 抢金鸡：杂技的一种。

⑤ 圣躬：指皇上。

⑥ 宰执：宰相与执政官。

十将抢金鸡。大理寺、临安府的狱卒押着戴枷锁的罪人来到皇宫门下。等阁门宣读赦书完毕，狱卒奏请皇上万福，高呼万岁并谢皇恩，随即打开枷锁，释放罪人，罪人大喊快活，这就是大赦天下。皇上起身，宰相与执政官退后，百官出殿，乐声一片。禁卫军士在前导引，皇上回宫。孟冬的时候，皇上前往景灵宫与此相同。

驾出三日，比寻常多出一日，缘第三日驾过太一宫，烧香太一殿。谢礼①毕，赐花，自执政②以下，依官品赐花③。幕士、行门、快行，花最细且盛。禁卫直至搠巷，官兵都带花，比之寻常观瞻，幕次倍增。乾天门道中，直南一望，便是铺锦④乾坤。吴山坊口，北望全如花世界。

【译】皇上出皇宫三天，比平常多出一天，是因为第三天皇上要到太一宫的太一殿去烧香。谢礼结束，赐花，从执政官以下，按官阶顺序赐花。卫士、行门、快行的花最细且最鲜艳。从皇宫禁卫直至搠巷，官兵们都戴着花。比起平常的景象，临时帐篷增加几倍。从乾天门道中，向南一望，便是铺锦乾坤。吴山坊口向北望去，整个一片花的世界。

---

① 谢礼：向人致谢送的礼物。也叫谢仪。

② 执政：宋称参知政事、门下侍郎、中书侍郎、尚书左右丞、枢密使、枢密副使、知枢密院事、同知枢密院事为执政官，金、元制略同。

③ 依官品赐花：按照官阶顺序赐花。

④ 铺锦：铺陈锦绣。

诸殿阁分：皇后、贵妃、淑妃、美人、才人、婉容、婕好、国夫人、郡夫人。紫霞帔^①、红霞帔。大内棕檐外，约有五百余乘轿，到宫先回入内于位次中，待驾回看戴花。

【译】各殿阁有：皇后、贵妃、淑妃、美人、才人、婉容、婕好、国夫人、郡夫人。她们有紫霞帔、红霞帔。皇宫的棕檐外，停放着五百多顶轿子，后妃们要按位次回到宫中各自的住处，待皇上回宫后一起观看戴花的盛景。

预赏^②元宵，诸色舞者，多是女童，先舞于街市。中瓦南北茶坊内，挂诸般琉珊子灯、诸般巧作灯、福州灯、平江玉棚灯、珠子灯、罗帛万眼灯，沙河塘里最胜。街市扑卖，尤多纸灯，不计数目。清河坊至众安桥，沙戏灯、马骑灯、火铁灯、进馔架儿灯、象生鱼灯、一把蓬灯、海鲜灯、人物满堂红灯，灯火盈市。扑卖到元宵、小春^③，盆花奇巧果儿。

【译】提前放元宵节花灯供人观赏，各类舞蹈的人，大多是女童，先在街市上跳舞。中瓦南北的茶坊内，挂满各种琉珊子灯、各种巧作灯、福州灯、平江玉棚灯、珠子灯、罗帛万眼灯，沙河塘里的灯景最好。街市扑卖各种物品，尤以

---

① 霞帔（pèi）：宋明汉族命妇礼服的一部分，类似现代披肩。是宋以来贵妇的命服，式样纹饰随品级高低而有区别，类似百官的补服。

② 预赏：提前放灯供人观赏。

③ 小春：指初春。

纸灯最多，不计其数。清河坊至众安桥，有沙戏灯、马骑灯、火铁灯、进馅架儿灯、象生鱼灯、一把蓬灯、海鲜灯、人物满堂红灯，灯火布满了街市。花灯一直扑卖到元宵节。初春，还有很多盆栽和稀奇的果品。

宁宗①圣节，金国奉使②贺生辰毕，观江潮，玉津园射。临射时，二人叉手立于垛面前，系招箭班急来祗应③，专一挨箭④。奉使以为神人射。射毕出山，于钱塘门外西湖边更衣亭换番装，缘奉使以下到驿，都着本朝赐服，着锦络缝锦盘领大袖，帽子上亦用锦贴。正伴使⑤相伴，中节人行并马（上肩⑥是班直行马⑦，下肩是番人行马）。递之指点，回头看城内山上，人家层层叠叠，观宇楼台参差，如花落仙宫。下节步行，争说城里湖边有千个扇面，不曾说：我北地草木都衰了，你南中树木尚青。盖江南地暖如此，蔬菜一年不绝，此月有

① 宁宗：宋宁宗赵扩，宋朝的第十三位皇帝，宋光宗赵惇与慈懿皇后李凤娘的次子。生日在十月十九日。

② 奉使：奉命出使的人；使者。

③ 祗应：供奉，当差。

④ 挨箭：这里指站在箭靶旁查看。

⑤ 正伴使：与下文中节人、下节都是金国使者的随员。

⑥ 上肩：上位。指位置较尊的一侧。

⑦ 行马：这里指骑马的随行人员。

台心菜、黄芽菜、矮菜、甘露子^①、菠菜、芋头、芋妳^②、山药之类，葱韭尤多。

【译】宋宁宗圣节，金国使者祝贺生辰后，去观看钱塘江潮，到玉津园射箭。临射时，有两人叉手立在箭垛的前面，招箭班的军士快速过来当差，专门负责查看箭靶。（因我朝陪射人射箭技术高超）金国使者认为是"神人"。射箭后出国，在钱塘门外西湖边的更衣亭内更换金国服装，因为使者以下级别的人员到驿站后，都穿我朝赐的服装，穿锦络缝锦盘领大袖，帽子上也用锦贴。由正伴使相伴，中节人随行骑马（上位是我朝当值的禁卫军随行，下位是金人随行）指点金使观看京城景物，回头看城内山上，住户人家层层叠叠，观宇楼台参差不齐，如同花落仙宫一样。下节人步行，争论说城里湖边有千个扇面，又不停地说：我们北方的草木都衰黄了，你们南方树木还是青色的。因为江南地区的气候温暖，蔬菜一年都不会断，这个月有苔心菜、黄芽菜、矮菜、宝塔菜、菠菜、芋头、芋子、山药之类上市，葱、韭非常多。

---

① 甘露子：又名宝塔菜、螺丝菜、地灵、地环儿、地蚕、地牯牛、地钮、旱螺蛳、罗汉菜、益母膏、米累累、地母、地蕊、螺丝钻、螺蛳菜等。是一种常用的中药。甘露子属于味甘、微辛、性平的中药，对于调理人的身体有很好的效果。人们在食用它的时候，主要是吃其根状茎上的一种螺丝状的肥大茎块。这部分的形状与蚕很像，又被称为地蚕和草石蚕。

② 芋妳（nǎi）：芋艿，芋头。

一阳节①近，都城乡风②抬采覆淳③，大虾、栗子、郎君鲞④之类。多扑十淳，三文一扑，扑一只斗鸡。饶两贯会，或饶一贯。伍佰文足拗，一钱饶三扑。拦街⑤斗扑。

【译】冬至节临近的时候，京城风俗流行赌博，有大虾、栗子、黄鱼鲞一类的关扑。大多数关扑以掷出"十纯"为目标，三文钱可以掷一次，扑卖的是一只斗鸡。可以赌两贯会子，也可以赌一贯会子。五百文钱足够赌的了，一文钱也可以赌三次。赌博游戏堵塞了街道。

遇雪，公子王孙赏雪，多乘马披毡笠⑥，人从油绢衣，毡笠红边。湖岸骈骈⑦；湖中船内，亦然人多。南山大小院，有三百余寺。诸刹钟楼佛殿，似粉装酥饰；园馆亭台，如银镂玉碾。深冬冷月无社火看，却于瓦市消遣。

【译】遇上下雪的天气，公子王孙外出赏雪，大多骑着马、

---

① 一阳节：冬至节。

② 乡风：乡里的风俗；地方风俗。

③ 抬采覆淳：指赌博游戏。采，骰子的点色。淳，通"纯"。以数枚铜钱当作赌具，投掷，有字的一面朝上叫作"字"，背朝上叫作"纯"。全部是背面朝上，叫作"浑纯"。

④ 郎君鲞：黄鱼鲞，又名白鲞。是一道色香味俱全的传统名肴。其洁白、形圆、味鲜、咸淡适口，含有丰富的蛋白质和适量的脂肪。有开胃、清火、生津、活血的作用。黄鱼鲞加生姜清炖，可供妇女产后补虚。

⑤ 拦街：拥塞街道。

⑥ 毡笠：毡制的笠帽。

⑦ 骈骈：繁盛貌。

披着毡笠，随从穿着油绢衣，所披的毡笠都有红边。西湖岸边游人众多；西湖中船舱内，人也是很多。南山有大小三百余座寺院，各个寺院的钟楼佛殿，似粉装酥饰；园、馆、亭、台，如银镌玉碾。深冬冷月没有社火可以观看，只好去瓦市消遣了。

瓦市

南瓦、中瓦、大瓦、北瓦、蒲桥瓦。唯北瓦大有勾栏^①一十三座。常是两座勾栏，专说史书，乔万卷、许贡士、张解元。背做蓬花棚，常是御前杂剧，赵泰、王荚喜，《宋邦宁河宴》。清锄头、假子贵，弟子散乐。作场相扑，王侥大、撞倒山、刘子路、铁板踏、宋金刚、倒提山、赛板踏、金重旺、曹铁凛，人人好汉。说经，长啸和尚、彭道安、陆妙慧、陆妙净。小说，蔡和、李公佐。女流，史惠英、小张四郎，一世只在北瓦，占一座勾栏说话^②，不曾去别瓦作场，人叫做"小张四郎"。

【译】瓦市分：南瓦、中瓦、大瓦、北瓦、蒲桥瓦。只有北瓦是最大的，有勾栏一十三座。经常是两座勾栏开放，专门说史书，说书的人有乔万卷、许贡士、张解元。北面做蓬花棚，经常是御前杂剧在此表演，赵泰、王荚喜表演的节目有《宋邦宁河宴》。清锄头、假子贵，表演弟子散乐。在

---

① 勾栏：又作"勾阑""构栏"，是一些大城市固定的娱乐场所，也是宋元戏曲在城市中的主要表演场所，相当于现在的戏院。

② 说话：这里指说书表演。

此开场表演相扑的有王侥大、撞倒山、刘子路、铁板踏、宋金刚、倒提山、赛板踏、金重旺、曹铁凛，个个都是好汉。说经书的有长啸和尚、彭道安、陆妙慧、陆妙净。讲小说的有蔡和、李公佐。女艺人有史惠英。小张四郎，一辈子只在北瓦表演，占据一座勾栏来说书，没有去过别的瓦市作场，人称"小张四郎"。

勾栏合生，双秀才。覆射①，女郎中。踢瓶弄碗，张宝歌。杖头傀儡，陈中喜。悬丝傀儡，炉金线。使棒作场，朱来儿。打硬，孙七郎。杂班，铁刷汤、江鱼头、兔儿头、菖蒲头。背商谜，胡六郎。教飞禽，赵十七郎。装神鬼，谢兴歌。舞番乐，张遇喜。水傀儡，刘小仆射。影戏，尚保仪、贾雄。卖嘌唱，樊华。唱赚，濮三郎、扇李二郎、郭四郎。说唱诸宫调，高郎妇、黄淑卿。乔相扑，鼋鱼头、鹤儿头、鸳鸯头、一条黑、斗门桥、白条儿。踢弄，吴全脚、耍大头。谈诨话，蛮张四郎。散耍②，杨宝兴、陆行、小关西。装秀才③，陈斋郎。学乡谈④，方斋郎。分数甚多，十三应勾栏不闲，终日团圆。

【译】勾栏里表演合生的是双秀才。表演覆射的是女郎中。表演踢瓶弄碗的是张宝歌。表演杖头傀儡的是陈中喜。

---

① 覆射：射覆。古时的一种游戏。通常是置物于覆器之下，让人猜测。

② 散耍：宋代表演技艺之一。犹杂耍。

③ 装秀才：宋元杂剧院本中扮演青年书生的角色，相当于后世戏曲中的小生。

④ 学乡谈：宋元时期杂艺的一种，以模仿各地方音俗语娱悦观众。

表演悬丝傀儡的是炉金线。开场表演耍棒的是朱来儿。表演击打硬物的是孙七郎。表演杂扮的是铁刷汤、江鱼头、兔儿头、菖蒲头。表演背商谜的是胡六郎。调教动物的是赵十七郎。装神鬼的是谢兴歌。表演舞番乐的是张遇喜。表演水傀儡的是刘小仆射。表演影戏的是尚保仪、贾雄。表演卖嘌唱的是樊华。表演唱赚的是濮三郎、扇李二郎、郭四郎。说唱很多宫调的是高郎妇、黄淑卿。表演乔相仆的有鼋鱼头、鹤儿头、鸳鸯头、一条黑、斗门桥、白条儿。表演踢弄的有吴全脚、耍大头。表演谈诨话的是蛮张四郎。表演散耍的是杨宝兴、陆行、小关西。表演装秀才的是陈斋郎。表演学乡谈的是方斋郎。表演的类别很多，这十三座勾栏没有闲着的时候，终日里人都是满的。

内有起店数家，大店每日使猪十口，只不用头蹄血脏。遇晚烧晃灯①拨刀，饶②皮骨，壮汉只吃得三十八钱，起吃不了，皮骨饶荷叶裹归，缘物贱之故。其每袋七十，省③二斤二两；肉卖九十，省一斤。城内诸店皆如此饶皮骨。大酒店用银器，楼上用台盘、洗子④、银箸，篆（"篆"字恐误）

---

① 晃灯：何灯不详。

② 饶：疑指饶头，指买物品后免费赠送之物。

③ 省：不足。

④ 洗子：何物不详。似指盥洗器皿。

菜糟藏甚多。三盏后换菜，有三十般^①，支分^②不少。两人入店买五十二钱酒，也用两支银盏，亦有数般菜。

【译】勾栏内有数家食店，大店每天要用十口猪，只是不用猪头、猪蹄、猪血和猪的内脏。到了晚上，烧晃灯拨刀杀猪，饶猪皮、猪骨。一个壮汉吃了三十八文钱的肉就再吃不下了，饶的猪皮、猪骨就用荷叶裹着带回家，这是因为物价便宜。其每袋七十文钱，不足二斤二两；单是肉卖九十文钱一袋，不足一斤。城内的各食店都这样饶猪皮、猪骨。大酒店用银器餐具，楼上用台盘、洗子、银筷子，糟藏的菜很多。三盏酒后换菜，有三十样菜，分解后不少。两人进入酒店，买五十二钱酒，也用两只银盏，也有几样菜。

城外有二十座瓦子，钱湖门里，勾栏门外瓦子、嘉会门外瓦、候潮门瓦、小堰门瓦、四通馆瓦、新门瓦、荐桥门瓦、菜市门瓦、艮山门瓦、朱市瓦、旧瓦、北关门新瓦、钱塘门外羊坊桥瓦、王家桥、行春桥瓦、赤山瓦、龙山瓦。余外尚有独勾栏瓦市^③，稍远，于茶肆中作夜场。

【译】城外有二十座瓦子，钱湖门内有：勾栏门外瓦子、嘉会门外瓦、候潮门瓦、小堰门瓦、四通馆瓦、新门瓦、荐

---

① 般：样，种，类。

② 支分：分割，分解。

③ 独勾栏瓦市：指只有一个勾栏的瓦市。

桥门瓦、菜市门瓦、艮山门瓦、朱市瓦、旧瓦、北关门新瓦、钱塘门外羊坊桥瓦、王家桥、行春桥瓦、赤山瓦、龙山瓦。此外还有一个勾栏瓦市，距离稍远，在茶肆中作夜场。

街市举放风筝轮车数椽，有极大者，多用朱红，或用黑漆。亦有用小轮车者，多是药线，前后赌赛^①输赢，输者顷折三二两线，每日如此。

【译】街市里有专门用来放风筝的很多椽轮车，有很大的，多用朱红漆或用黑漆粉刷。也有用小轮车的。放风筝大多用专门的药线，放风筝的人先后比赛赌输赢，引线瞬间被绞断的人要输二三两线，每天都是这样。

宽阔处踢球、放胡哮^②、斗鹌鹑，卖等身^③门神、金漆桃符^④板、钟馗^⑤、财门^⑥。有百余家赏春贴子，有十数般春

---

① 赌赛：这里指斗风筝。放风筝者操弄风筝，互相用风筝的引线相剪绞，直到一方的引线被绞断。这是一种很有趣的比赛，需要很高的操控技巧，同时还要有一根坚韧的引线，才能获胜。

② 放胡哮：疑今抖空竹，空竹抖动时发出的声音呼啸作响。

③ 等身：与人的身高体型相等。

④ 桃符：古人在辞旧迎新之际，用桃木板分别写上"神荼""郁垒"二神的名字，或者用纸画上二神的图像，悬挂、嵌缀或者张贴于门首，意在祈福灭祸。据说桃木有压邪驱鬼的作用。

⑤ 钟馗：道教俗神，专司打鬼驱邪。中国民间常挂钟馗神像辟邪除灾，从古至今都流传着"钟馗捉鬼"的典故传说。

⑥ 财门：年末岁首，为讨吉利，俗称大门为"财门"。

幡①、春胜②、锦背历日③。

【译】在宽阔处有踢球的、放胡哮的、斗鹌鹑的，还有卖门神（等身大小）的、金漆桃符板的、钟馗画像的、贴财门红纸条的。有百余家赏春的帖子，有十几种春幡、春胜、锦背日历。

夜市扑卖狼头帽、小头巾、抹头子、细柳箱、花环钗朵④、篦儿头帕、销金帽儿、罗木桶杖、诸般藤作、琉璃炮灯、银丝合子、时文书集、猪胰胡饼、挂屏头屋儿、乌木花梨动使、行灯、香圆、查子、画烛、鱼鲜、头䯼、炸藕、红边糍、蜂糖饼。

【译】夜市中扑卖的有狼头帽、小头巾、抹头子、细柳箱、花环钗朵、篦儿绢布头巾、销金帽儿、罗木桶杖、各种藤制品、琉璃炮灯、银丝合子、新书文集、猪胰胡饼、挂屏头屋儿、乌木花梨动使、行灯、香圆、查子、画烛、鱼鲜、绢布头巾、炸藕、红边糍、蜂糖饼等。

御街应市，两岸术士，有三百余人设肆。年夜抱灯⑤，

① 春幡：中国旧时风俗。于立春日，缀幡之于首的一种银首饰，是一支银簪，簪尾和一片长形小银片相连，小银片悬于簪似幡。立春时佩戴以示迎春之意。

② 春胜：旧俗于立春日剪彩成方胜为戏，或为妇女的首饰，称为春胜。

③ 历日：历日表，中国古代记录节气，提醒农事的历书。

④ 钗朵：金银钗作花朵形，称为钗朵。每一钗朵都是一式两件，结构相同而图形相反，以便左右对称插戴，这种金银钗以镂花见胜。

⑤ 抱灯：疑指除夕守夜，到处不熄灯，玩赏终夜。

及有多般，或为屏风、或做画、或作故事人物、或作傀儡神鬼，驱邪鼎佛。守岁饮酒，须要消夜果儿，每用头合底板簇诸般采果^①、斗叶^②、头子^③、萁豆、市食之类。亦有中样合装者，名为"消夜果儿"，乃京城乡风如此。

【译】除夕夜，御街应市两岸的术士，有三百多人设场。这一夜有各种各样的抱灯，有作屏风的、有作画玩乐的、有画故事人物的、有作傀儡神鬼的，用来驱邪鼎佛。守岁时饮酒，必须要有消夜果儿，往往用头合底板装上各种时新果子、斗叶、头子、萁豆、街市小吃一类的食物。也有选好的食物合装一起的，称为"消夜果儿"，京城的风俗就是这样的。

雪夜，贵家遣心腹人，以银凿成一两、半两，用纸裹。夜深拣贫家窗内或门缝内，送入济人^④。日间散絮胎^⑤或纸被^⑥，散饭贴子无数。

朝廷每岁常例^⑦，散军民赈济，不时以米赈济粜^⑧。州府

---

① 采果：时果。

② 斗叶：何指不详。

③ 头子：何指不详。

④ 济人：救济人。

⑤ 絮胎：被褥一般由胎料和外表的纺织物两部分组成，胎料又有絮胎和散纤之分。散纤状的被褥胎芯结构和形状不固定，易流动缩团，厚度不均匀。

⑥ 纸被：古时用藤纤维纸制成的一种被子。

⑦ 常例：常规；惯例。

⑧ 粜（tiào）：卖粮食。

又散灯油于开张店舍。安抚提领^①支犒赟^②者钱酒蜡。府主^③例散客店内钱。帝辇^④骄民，常沾圣恩。不时皇后殿散新钱，俱无科役^⑤保用之扰。

【译】下雪的夜晚，富贵人家派心腹人，将银子凿成一两、半两的碎银，用纸包好。夜深的时候，挑选贫苦人家，将银子投入窗内或门缝内，来救济他们。白天的时候，施舍絮胎或纸被，施舍饭的帖子无数。

朝廷每年惯例，施舍并赈济军民，经常用官米赈济受灾百姓。州府又施舍灯油给街市上开张的店舍。安抚使支付□□□□钱、酒、蜡。州郡长官按惯例施舍客店内钱。京城的百姓，常沾圣恩。皇后经常在殿外施舍赏赐，这些赏赐不必有承担赋税徭役的忧虑。

诸行市

川广生药市、象牙玳瑁市、金银市、珍珠市、丝锦市、

---

① 安抚提领：安抚使，为诸路灾伤及用兵的特遣专使。后渐成为各路负责军务治安的长官，以知州、知府兼任。

② 赟：音义不详。

③ 府主：指州郡长官。

④ 帝辇：这里指帝辇之下，皇帝所在的地方。用指京城。

⑤ 科役：征发徭役。

生帛①市、枕冠市、故衣②市、衣绢市、花朵市、肉市、米市、卦市、银朱彩色行、金漆桌凳行、南北猪行、青器行、处布行、麻布行、青果行、海鲜行、纸扇行、麻线③行、蟹行、鱼行、木行、竹行、果行、笋行。

【译】各种行业的店铺有：川广生药市、象牙玳瑁市、金银市、珍珠市、丝锦市、生帛市、枕冠市、故衣市、衣绢市、花朵市、肉市、米市、卦市、银朱彩色行、金漆桌凳行、南北猪行、青器行、处布行、麻布行、青果行、海鲜行、纸扇行、麻线行、蟹行、鱼行、木行、竹行、果行、笋行。

京都有四百十四行，略而言之：闹慢道业④、履历班朝⑤、风筝药线、胶矾斗药、五色箭翎、银朱印色、茶坊吊挂、琉璃泛子、粘顶胶纸、染红牙梳、诸般缠令、修飞禽笼、修罘罳⑥骨、成套筛儿、接象牙梳、诸般耍曲、札熨斗、丁看窗、修砧头⑦、照路遣、扫金银、蠲糨纸⑧、造翠纸、乾红纸、简

---

① 生帛：未经漂煮的丝织物。

② 故衣：平时穿的衣服。或指旧衣。

③ 麻线：用麻制成的绳或线。

④ 闹慢道业：所指不详。

⑤ 履历班朝：指记载朝廷官员履历、职位、籍贯的小册子，古时民间多有售卖。

⑥ 罘（fú）罳（sī）：古代设在门外或城角上的网状建筑，用以守望和防御。这里指古代的一种屏风。

⑦ 砧头：砧板。

⑧ 蠲（juān）糨（jiàng）纸：一种用浆浆过的洁白光滑的纸。

笏袋^①、幞头笼、腰带匣、读书灯、笔砚匣、窗子匣、了事匣、黄草罩、修合溜^②、阉^③猪丈^④、医飞禽、接旧条、修破扇、醋碗儿、丁鞋络、掩漆子、搭罗^⑤儿、面花儿、香果合、截板尺、印香脱、画眉篦、造槐简、开科套^⑥、教虫蚁、剔图书、起鱼鳞、攀膊儿^⑦、手巾架、头巾盝^⑧、蛤粉^⑨桶、花夹儿、肥皂团、淋了灰、茶花子、出衣粉、做诨裹、注水管、旧铺帛、木仙宫、字牌儿、洗衣服、钻真珠、赁花檐子、解玉板、钉鱼带、碾玉藁、赁茶酒器、锦褥子、发驼儿、烟突帚^⑩、扇牌儿、织鞋带、锦胭脂、七香丸、稳步膏、鹰牌额、开先牌、鹁鸽铃、葫芦笛、牛粪灰、添啇孙（此三字不解，然无从臆改^⑪）、细扣子、闹城儿、消息子^⑫、揪金线、真金条、香饼子、香炉灰、打香印、卖朝报、金莲子、竹夫人、算子筒、食罩儿、食辟子、白芨

---

① 简笏袋：指放竹简或笏板的袋子。

② 合溜：水槽。

③ 阉：阉割。

④ 猪丈：公猪。

⑤ 搭罗：乃新凉时孩子所戴小帽，以帛维缕，如发圈然。

⑥ 开科套：与下文"解玉板"皆为民间杂艺。

⑦ 攀膊儿：为宋代专门从事出卖或修理襻膊的手艺人。

⑧ 盝（lù）：古代的一种竹匣。

⑨ 蛤粉：用来画国画的专用矿物颜料。矿物颜料的显著特点是不易褪色、色彩鲜艳。

⑩ 烟突帚：清理烟囱突起部分的小扫帚。

⑪ 臆改：凭臆测改动文字。

⑫ 消息子：一种用来清除耳垢的卫生用具，其形制主要有两种，一是前端带有绒毛球的，形同如今的"耳捻子"，二是前端为小勺状的耳挖子。

末、解粥米、熟水草、选官图^①、批刷儿、屿鱼尾剔、供席草、卖插药、写文字、纸画儿、提茶瓶、花架儿、卖字本、笛谱儿、小螃蟹、蝌蚪儿、便桥、试卷、试桌、交床、试篮、拄杖、粘竿^②、胡梯^③、水草、风袋、使绵、劈柴、炭墼、捉漏、担帚、钓钩、绪底、拂子、鬲粉、占坐、歌舞、歌琴、歌棋、歌乐、歌唱、棕索、发索、蟟蟟^④、金麻、蜏虫、端亲。四山四海，三千三百。衣山衣海（南瓦），卦山卦海（中瓦），南山南海^⑤（上瓦），人山人海（下瓦）。

【译】京城有四百一十四种行业，大概说有以下行业：闹慢道业、履历班朝、风筝药线、胶矾斗药、五色箭翎、银朱印色、茶坊吊挂、琉璃泛子、粘顶胶纸、染红牙梳、各种缠令、修飞禽笼、修采恩骨、成套筛儿、接象牙梳、各种耍曲、札熨斗、丁看窗、修砧板、照路遣、扫金银、躐糨纸、造翠纸、乾红纸、简笏袋、幞头笼、腰带匣、读书灯、笔砚匣、窗子匣、了事匣、黄草罩、修水槽、阉公猪、医飞禽、接旧条、修破扇、醋碗儿、丁鞋络、掩漆子、搭罗儿、面花儿、香果盒、截板尺、印香脱、画眉篦、造槐简、开科套、教虫蚁、剔图书、起鱼鳞、攀膊儿、手巾架、头巾盏、蛤粉桶、花夹儿、肥皂团、淋了灰、

① 选官图：升官图。

② 粘竿：一种顶端涂上黏剂，用以捕鸟的竹竿。

③ 胡梯：扶梯，楼梯。

④ 蟟蟟（liáo）：或为蝉的一种。

⑤ 南山南海：何义不详。依文"南"应为行业名称。疑有讹误。

茶花子、出衣粉、做诨裹、注水管、旧铺帛、木仙宫、字牌儿、洗衣服、钻真珠、赁花檐子、解玉板、钉鱼带、碾玉薰、赁茶酒器、锦褥子、发驼儿、烟突帚、扇牌儿、织鞋带、锦胭脂、七香丸、稳步膏、鹰牌额、开先牌、鹁鸽铃、葫芦笛、牛粪灰、□□□、细扣子、闹城儿、消息子、揪金线、真金条、香饼子、香炉灰、打香印、卖朝报、金莲子、竹夫人、算子筒、食罩儿、食辟子、白芨末、解粥米、熟水草、升官图、批刷儿、岴鱼尾剔、供席草、卖插药、写文字、纸画儿、提茶瓶、花架儿、卖字本、笛谱儿、小螃蟹、蝌蚪儿、便桥、试卷、试桌、交床、试篮、挂杖、粘竿、胡梯、水草、风袋、使绵、劈柴、炭鏊、捉漏、担帚、钓钩、绪底、拂子、鬲粉、占坐、歌舞、歌琴、歌棋、歌乐、歌唱、棕索、发索、螳螂、金麻、蛹虫、端亲。四面人山人海，人数不止三千三百。南瓦子衣山衣海，中瓦子卦山卦海，上瓦子南山南海，下瓦子人山人海。

叙录

跋文

（《涵芬楼秘笈》本）

甲寅仲冬^①下旬六日，斠毕^②行都故事，臣里遗闻。桑海之余，获睹秘籍，益不能无盛衰兴废之感矣。钱唐悔余生识。

右《西湖老人繁胜录》一卷，自《永乐大典》第七千六百三卷杭字韵录出。方言世语，多有不可通者。经吴子修先生校勘一过，赖多是正。今为注入当句之下，加按字者，毓修^③覆校语^④也。乾隆间，馆臣亦有辑本名《西湖繁胜录》，《四库》附列存目，惜无从觅得与此一校也。宋时纪录行都之书，如耐得翁《都城纪胜》、吴自牧《梦粱录》、周密《武林旧事》，皆有行本^⑤，而此则廑存^⑥《大典》中，著录家见之者

---

① 仲冬：也称中冬，指的是冬季第二个月，即子月，包含大雪、冬至两个节气。对应农历十一月。

② 斠（jiào）毕：校毕。斠，通"校"。

③ 毓修：孙毓修。清末目录学家、藏书家、图书馆学家。字星如，一字恂如，号留庵，自署小渌天主人，江苏无锡城郊孙巷人。清末秀才。

④ 校语：校勘者的话。

⑤ 行本：公文的意思。

⑥ 廑（jǐn）存：仅存。

鲜矣。作者姓名，阙焉①不详，以书中庆元②间油钱一条考之，则其人当生于宁宗时。耐得翁书，据其自序，成于理宗端平二年③，老人生世当先于耐得翁也。考高宗驻跸临安，谓之"行在"，乾道中，周淙修《临安志》，于宫苑官署尚著旧称。潜说友《咸淳志》亦因之。然官书称谓，虽守此例，而偏安④日久，民间视为定居，行在之名习而忘焉。此书止名《繁胜录》，绝无都城之称，其书当成于耐得翁之前。《梦粱》《旧事》皆作于沧桑之后，一二遗老徒以怊怅⑤旧游，流传佳话，惟老人此书得之目睹；后来诸本踵事增华⑥，终不能越其范围，宜其亡而不终亡也。

丙辰长至节⑦

无锡孙毓修跋

---

① 阙（quē）焉：缺少；不完备。

② 庆元：宋宁宗庆元年间。

③ 端平二年：公元 1235 年。

④ 偏安：指封建王朝失去国家中心地带而苟安于仅存的部分领土。

⑤ 怊（chāo）怅：悲伤不如意的样子。

⑥ 踵事增华：继续前人的事业，并使更加完善美好。踵，追随，继续。

⑦ 长至节：中国农历中一个非常重要的节气，也是中华民族的一个传统节日，冬至俗称"冬节""长至节""亚岁"等。

四库全书总目提要

《西湖繁胜录》一卷（为永乐大典本），旧本题西湖老人撰，不著名氏。考书中所言，盖南宋人作也。宋自和议[①]既成之后，不复留意于中原，士大夫但知流连歌舞，啸傲[②]湖山。故是书所述，大抵嬉游[③]之事，以繁华靡丽[④]相夸，盖亦耐得翁《都城纪胜》之类，而琐屑又甚焉。

补校

（本书已经由吴子修、孙毓修校过，校语附写
在原中文间。今又发现疑义一处，补校于此）

"混补年"一万人试。按，"一"当作"十"。上文云："有十万人纳卷"，下文云："则有十万人仆，计二十万人"，均可证"一"当作"十"。

---

① 和议：关于停战、讲和的主张，与对方达成的和平协议。公元1141年，南宋与金订立和议。

② 啸傲：放歌长啸，傲然自得。

③ 嬉游：嬉戏玩耍；往来交游。

④ 靡丽：奢华，奢靡。